한국의 전통 사회
시장

한국의 전통 사회 시장

정승모 지음

우리 문화의 뿌리를 찾아서를 펴내며

한국의 전통 문화를 세계화하고자 하는 의도에서 기획된 '우리 문화의 뿌리를 찾아서' 시리즈는 우리 문화의 독특함과 보편성을 다양한 분야에서 연구한 성과들을 국내외에 소개함으로써 세계 속에서 한국 문화의 위상과 학문적 경쟁력을 높이는 데에 그 목적이 있다.

한글과 영어로 발간되는 이 시리즈는 지나치게 학술적인 경향이나 단순한 안내서의 수준을 지양하고 한국의 전통 문화를 이루는 근간을 다양한 사진 자료를 통해 세부적으로 집중 조명해 봄으로써 우리 문화를 폭넓고 깊이 있게 이해할 수 있도록 하는 데에 그 특징이 있다.

이 시리즈는 또한 현대 문명이 유발한 문제점들을 치유하는 대안이 한국의 전통 문화의 본질 속에 들어 있다는 것을 깨닫게 함으로써 세계인들이 한국 문화의 우수성을 올바로 이해하는 데에 크게 기여할 것이다.

2006년 3월

이화여자대학교출판부

책머리에

현대를 사는 우리들에게 아직도 시골 장터는 친근한 전통 사회의 이미지로 남아 있다. 도심에서도 '재래' 라는 다소 부정적인 수식어를 붙여 놓은 시장이 '마트' 와 공존한다. 오히려 요즈음은 대형 마트나 백화점 매장 안에서조차 왁자지껄 호객 행위를 하여 장바닥을 닮아가고 있다.

장터의 이미지는 그림이나 사진 자료로도 만날 수 있다. 개화백경을 담은 책에는 언제나 장터를 소재로 한 흑백 사진들이 가득 한 장을 이룬다. 그중에는 다분히 연출 흔적이 보이는 사진도 있지만 사람과 물자를 한 번에 많이 보여주기에는 이만한 장면이 없다. 그래서 사진사는 쉽게 사진기의 앵글을 장터에 갖다 댄다. 이러한 이미지들 덕에 전통 시장은 아직도 우리 곁에 있다고 착각하게 된다.

전통 시장에서 우리가 찾을 수 있는 것은 곧 그 사회의 단면이다. 이를 위해서는 우선 과거 시장에 대한 이해가 필요하다. 시장은 언제부터 생겼는지, 어떻게 발전해 갔는지, 자본주의 체제에 편입되면서 어떻게 변했는지, 즉 시장의 역사를 돌이켜 볼 필요가 있다. 시장의 주역인 상인들은 당시 어떠한 신분 위치에 있었는지, 객주나 보부상은 어떠한 역할을 했는지, 시장에서만은 상인이자 고객인 농민들은 서로 무엇을 주고받았는지, 전통 문화에 관심이 있다면 모두에게 궁금한 사항이다.

시장의 핵심 기능은 유통과 교환인데, 그 대상은 물자에 국한되지 않는다. 시장은 한 날 한 장소에 사람들이 모이므로 여기에서 인적 교환과

정보 교환이 이루어진다. 그것은 각자가 가지고 있던 인간관계에서 비롯된 것이지만 이로 인해 새로운 인간관계가 형성되기도 한다. 사람들이 많이 모이므로 장터는 언제든지 축제의 장소로도 이용된다. 눈으로만 장을 본다고 하듯이 장에 나온 물자와 사람 자체가 구경거리인데, 백중장 씨름 대회와 같은 특별한 이벤트도 장바닥에서 벌어진다.

필자가 전통 시장에 관한 개설적인 책을 낸 지 10여 년이 되었고 도중에 일본어 학술서로 번역 출간되는 운도 따랐다. 그런데 이렇게 다시 유사한 책을 출간하게 된 것은 무엇보다도 모 박물관에 재직 중 『한국의 상거래』라는 전시를 주관하면서 꽤 많은 이미지 자료를 확보한 데 힘입은 것이다. 게다가 현장감 있는 시장 사진의 보완도 필요하다고 느낀 차였다. 전통 문화와 관련한 현장 사진으로 말하면 이 시대에 황헌만을 능가할 작가는 없다. 이 아담한 책은 황 선생님의 안목과 발품이 배어 있는 사진 덕에 업그레이드되어 독자를 만나게 되었다.

지은이

차례

한국의 전통 사회 시장

I

전통 시장의 모습

1. 장터 풍경

2. 장시 입지와 장길

3. 시장의 구성과 운영

최근의 시골장 넓은 장옥에 비해 비교적 한산한 경기도 가평 5일장 모습

1 장터 풍경

과거 시골장은 초등학교 운동장 절반 정도 규모의 옹색한 공간에서 열렸다. 그 안을 들여다 보면 상인들은 좁은 공간을 취급 품목별로 나누어 쓴다. 평소 농사 외에 별다른 일이 없던 농민 고객들은 장날을 맞아 그 사이를 누비고 다닌다. 곡물 장수, 직물 장수, 어물 장수, 잡화 장수들은 지붕만 있고 벽이 없는 장옥(場屋)에 자리를 잡고 물건을 판다. 나머지는 채소나 과일, 또는 생선 등을 광주리에 담아 와서는 공터나 길가에 자리를 잡고 앉아서 파는 영세 노점상들이다. 개나 닭, 병아리를 파는 가축전, 소나 돼지를 잡아서 파는 푸줏간도 갖추고 있다.

점포는 되도록이면 여러 사람들 앞에 노출되어 있는 것이 바람직하다. 그래서 한 달에 한 번 납부하는 장옥세(場屋稅)보다는 매 장마다 걷는 노점세(露店稅)가 더 비싸다. 노점세 부과 기준은 벌여 놓은 물건이 차지하는 면적이 되지만 정확한 것은 아니다. 판매 규모가 영세한 상인들과 물품 구입에 필요한 현금을 마련하기 위해 소량의 농산물을 가지고 나온 농민들에게 장세는 적지 않은 부담이 된다. 그만큼 판매 수익에 비해 장세가 차지하는 비율이 높기 때문이다.

시골장이라도 장 부근 개천을 낀 곳에 우시장이 서면 제법 큰 장에 속한다. 소가 매매되는 쇠전 거리 주변에는 대부분 장터 주막이 있다. 개장국과 술을 파는 가게, 소주를 큰 잔으로 파는 대폿집, 술청 앞에 선 채로 술을 마시도록 한 선술집, 삶아 놓은 국수를 물에 말아 파는 막국수장수, 밥을 파는 밥장수도 장 어느 구석엔가 있다.

시장은 수요와 공급에 따라 형성된 가격에 의해 매매자 간에 이루어지는 거래 과정, 또는 그것이 행해지는 장소를 말한다. 이중에 후자, 즉 구체적인 공간 개념으로서의 시장은 장시(場市), 또는 줄여서 장(場)이라고 한다. 이러한 시장은 시간과 공간의 일치를 통해 인간과 인간, 인간과 물자가 만나는 곳이며 이것들이 유통되는 중심지이다. 이곳을 포함하여 일대의 지역들 간에는 거미줄과 같은 연결망이 형성된다.

시골장에서 장꾼들이 부르던 '장타령'은 그 지방 일대의 유명한 정기 시장들을 소개하고 있다.

춘천이라 샘밭장 신발이 젖어 못 보고
홍천이라 구만리장 길이 멀어 못 보고
이귀저귀 양귀장 당귀 많어 못 보고
한자두자 삼척장 베가 많어 못 보고
명주바꿔 원주장 값이 비싸 못 보고
횡설횡설 횡성장 에누리 많어 못 보고
값 많은 강능장 값이 싸서 못 보고
이통저통 통천장 알것 많어 못 보고
엄성듬읏 고성장 심심해서 못 보고
철떡철떡 철원장 길이 질어 못 보고
영넘어라 영월장 담배 많어 못 보고
어화저화 금화장 놀기 좋아 못 보고

장터의 먹거리 황헌만 사진

활기찬 단오장의 모습 황헌만 사진

회회충충	회양장	길이 험해 못 보고
이강저강	평강장	강물 없어 못 보고
정들었다	정선장	갈보 많어 못 보고
화목많은	화천장	길이 막혀 못 보고
양식팔어라	양양장	쌀이 많어 못 보고
즉금왔다	인제장	일 바빠서 못 보고
울퉁불퉁	울진장	울화 나서 못 보고
안창곱창	평창장	국술 좋아 못 보고

이상은 『조선구전민요집』(김소운 편)에 실린 장타령의 하나로, 경기도 이천 지방에서 채집된 것이기 때문에 가사 속에 주로 이천 동쪽에 있는 경기도와 강원도의 장들이 나온다.

시장에 등장하는 인물은 장을 순회하는 보부상, 생산자이자 소비자인 농민 · 수공업자, 그리고 이들을 중개하는 상인과 거간들로 구성된다. 시골 정기 시장의 모습은 어디나 장의 주된 수요자가 농민임을 보여준다. 물물 교환의 비중이 상대적으로 컸던 과거의 시장에서 농민은 공급자이면서 동시에 수요자였다.

시장은 각양각색의 사람들이 모이는 곳이므로 혼란하고 복잡한 무질서의 상황을 연상시킨다. 그러나 시장에서의 거래는 마구 일어나는 것이 아니라 정해진 관행과 규칙에 따라 이루어지므로 또 다른 질서의 공간이기도 하다. 무질서 속의 질서, 이것이 시장의 모습이다.

시장 가는 행렬(雪中向市) 전 이형록, 국립중앙박물관 소장

2 장시 입지와 장길

시장에 가는 것을 한자어로 행시(行市), 간시(看市)라고 한다. '장'이란 말을 사용해서 '장보러 간다'고 할 때는 간장(看場)이라고 한다. 혹은 간지[看集]라고도 하는데, 여기서 지[集]는 장과 마찬가지로 시장을 의미하며 특히 지방 각처에 돌아가며 나타나는 정기 시장을 가리킬 때 쓰는 말이다.

향시, 즉 지방의 장시들 간에는 상품의 유통 과정에서 행하는 기능에 차이가 있고 그에 따라 그 규모나 거래의 내용, 방식 등에도 차이가 난다. 크게 나누면 대시장(大市場)과 소시장(小市場)이 있다.

대시장은 지역내(地域內)에서 이루어지는 유통 중심지 역할을 함과 동시에 원격지(遠隔地) 유통을 담당한다. 즉 대시장은 도매 기능을 통하여 소시장에서 나온 산물을 집하하고 외부 지방의 상품을 소시장에 배급함으로써 중심 유통권을 형성한다. 소시장은 농민들이 하루 내에 장을 볼 수 있는 지역적 범위를 한계로 하는 가장 기본적인 소단위 시장이다. 소시장들은 대개 30~40리 간격으로 떨어져 존재한다. 이 거리는 소비자인 농민이 하루 안에 왕복할 수 있는 거리이며 도보로 장과 장을 옮겨 다녀야 했던 상인들에게도 이동하기에 적절한 간격이다.

넓은 평야 지대에서 위와 같은 장간의 거리 원칙이 지켜지면 일대의 장시들은 마치 벌집의 육각형처럼 배치된다. 그러나 우리의 지형은 대부분이 산을 끼고 있으며 육로보다는 강상 교통의 의존도가 컸던 과거의 영향 때문에 이러한 이상형이 나타나는 경우는 드물다. 그래서 장날도 내륙에서는 군(郡) 단위에서 5일을 주기로 순회하지만 해안 지역이나 산간 지역, 그리고 강상 교통의 거점이 되는 지역에서는 이러한 주기를 찾기 힘들다.

경기도 안성의 안성장은 과거 대시장의 하나로 강상 교통과 육로 유통의 상호 관계와 조화를 보여주는 대표적인 장시였다. 안성으로 가는 길은 삼남(三南), 즉 경상도 · 전라도 · 충청도에서 올라오는 요충지여서 물건을 만드는 기술자와 이를 파는 장사꾼이 끊임없이 모여들었다. 19세기 말경에 안성에는 놋그릇점만 약 50여 호에 달했다고 한다.

안성으로 사람과 물자를 모으고 안성장을 번창하게 했던 배경에는 사통팔달(四通八達)하던 육로 못지않게 중요한 역할을 한 안성천(安城川)이 있다. 아산만과 평택, 그리고 안성은 안성천을 따라 뱃길로 연결되어 있었다. 안성과 죽산 두 고을은 강상로와 육로가 서로 상승 작용을 일으켜 많은 사람들을 모았다. 수로를 통한 강상 교역은 마소를 이용한 육로 유통과는 비교되지 않을 정도로 많은 물량을 빨리 나를 수 있다는 점에서 기차와 자동차가 생기기 전까지는 거의 절대적인 것이다.

안성장의 개시일은 2 · 7일로 조선 시대 이래로 지금까지 변화가 없다. 반면 죽산장은 조선 시대에는 4 · 9일, 일제 강점기에는 1 · 6일, 해방 후에는 5 · 10일로 변해 왔다. 조선 시대의 안성장과 죽산장 개시일은 강상로와 육로의 연결을 통해 물자가 서해안에서 내륙으로 유통됨을 보여준다. 즉 평택 관문에서 서쪽으로 10리 떨어진 '신장(新場)' 이란 곳은 안성천변의 신성포(新成浦)인데, 이곳과 부근의 노포(老浦)에서 집산

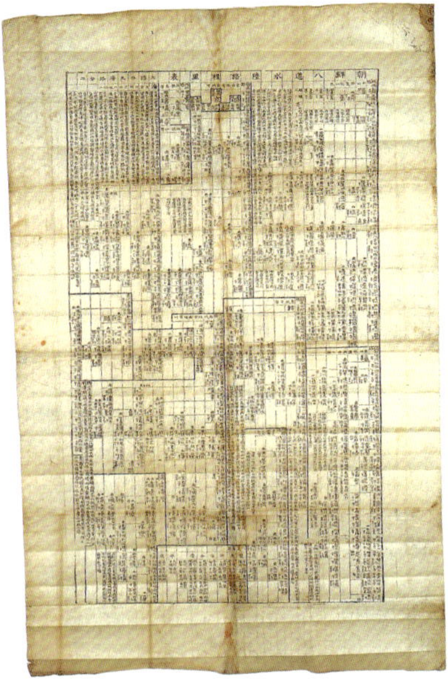

「팔도로정기」를 펼친 상태

「팔도로정기」(좌)와 「도리도표」(우)
고려대학교박물관 소장
조선 순조년간에 만들어진 주요 국도의 경로와 거리표. 도별로 본선 도로와 지선 도로의 이수(里數)를 적은 절첩식 이정표이다.

된 소금과 생선, 그리고 미역이 안성천을 따라 안성장으로 이동하였고, 안성장에서는 다시 육로로 죽산장으로 옮겨져 내륙으로 공급되었다.

육상 교통보다 해상 교통의 비중이 컸던 조선 시대에는 주로 중선(中船)을 타고 연해(沿海)를 연결하거나 소선(小船)을 타고 하천을 오르내린 선상(船商)의 역할이 컸다. 이들이 이용한 주요 강은 한강, 대동강,

한강의 운반선 사진 제공 정성길

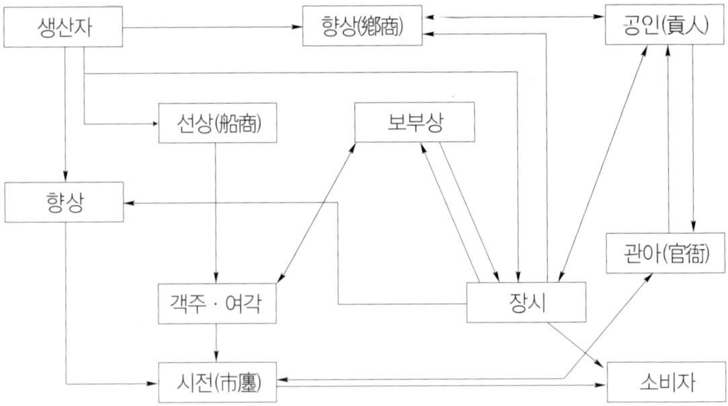

조선 시대 상품 유통 경로

낙동강, 금강, 영산강, 섬진강 등이다. 강의 하류와 상류 주요 지점에는 객주들이 있어 이들에 의해 내륙의 산물과 수산물이 광범위하게 교환되었다.

상인들이 다음 장으로 이동할 때 택하는 길을 장길이라고 하는데 대개 지름길이다. 장과 장 간의 거리는 장길을 이용한 행상들의 이동 시간도 고려된 것이다. 생산자에서 소비자에 이르기까지는 항시 길목을 지키는 객주와 장길로 이동하는 행상이 개입된다. 과거의 상품 유통 경로를 유형별로 보면 첫째는 객주가 장선(場船)으로부터 받은 물건을 도고(都賈)에게 넘겨 파는 경우이다. 도고란 사상 도고(私商都賈)로 관의 허가를 받지 않은 개인 도매 상인을 말한다. 둘째는 선인(船人)과 선주인(船主人)이 객주의 역할을 하는 경우이다. 셋째는 시전인(市廛人)을 거치는 경우이다. 넷째는 도고와 도고가 연결되는 육로에 의한 유통으로

주막 전 이형록, 국립중앙박물관 소장

시, 북쪽 지방의 물자가 함경도에서 서울에 이르는 동안 원산 도고(元山都賈)와 송우 도고(松隅都賈) 간의 연결이 그 대표적인 예다.

장거리 여행객, 이 장 저 장 옮겨 다니는 장꾼, 그리고 소몰이꾼은 서로 목적지가 같더라도 꼭 같은 길을 이용하는 것은 아니다. 비록 가파르고 험하더라도 다음 장의 장날에 맞추기 위해 되도록이면 여행 거리가 짧은 지름길을 택하는 것이 장길의 가장 중요한 원칙이다. 반면에 여행객에게는 적당한 간격으로 요기도 하고 숙박도 되는 주막 같은 시설이 필요하다. 소를 한꺼번에 대여섯 마리씩 몰고 가야 하는 소몰이꾼들은 조금 우회하더라도 경사가 가파른 길은 피한다. 또한 소는 배로 운반하기 힘들다. 그래서 우시장을 연결하는 장길과 일반 장길은 더러 일치하지 않는다.

자본주의 체제로 편입된 이후 상품 경제에 의한 유통량의 증대와 인구의 증가로 시장 간의 위계(位階)는 종전의 두 단계에서 한 단계 더 늘어나 대장과 소장 사이에 중간 시장이 형성되어 가는 추세가 되었다. 그러다가 운송 수단이 현대화되면서 이 원칙은 금세 사라졌다. 장꾼과 물건이 같이 움직이는 것이 아니라 전문 운반인에 의해 물건만 트럭에 실어 다음 장으로 옮기며 사람은 집으로 돌아갔다가 다음날 바로 그곳으로 출장한다. 그러나 이것 역시 과도기적인 현상이 되었다. 즉 요즈음은 상인들이 직접 트럭을 몰고 도경계(道境界)를 넘어 다니며 위계를 허물고 있다.

장에 가는 길 1 황헌만 사진

장날의 싸전 황헌만 사진

3 시장의 구성과 운영

전통 농민 사회의 시장은 정기적으로 열린다. 즉 매일 여는 상설 시장이 아니다. 시골장이 정기성을 띠는 가장 큰 이유는 공급자인 생산자나 상인의 입장에 있는데, 즉 이들이 매일 하나의 시장에만 의존하기에는 이익이 불충분하기 때문이다. 그러나 시장이 정기적으로 5일에 한 번 열리면 공급자는 소비자를 집중시킬 수 있고, 또한 서로 다른 개시일을 이용하여 판로를 4~5개의 시장에 의존할 수 있게 된다. 소비자의 입장에서도 시장의 정기성은 여행 거리를 줄이는 방법이 된다. 또한 농민들의 전통적인 소비 규범은 검약을 강조하며 또 자급자족적인 성격이 강하기 때문에 시장에 매일 나갈 필요가 없다. 교통 운송 수단의 미발달도 정기 시장을 발달시킨 주요 원인이다. 농촌 인구는 분산되어 있기 때문에 시장의 정기성은 거리 이동에 따르는 시간과 비용을 줄이는 수단이 된다.

5일 간격으로 열리는 시골장 내부는 취급 품목별로 구분되어 있다. 포목을 삶아서 바래주는 마전터, 여러 가지 씨앗을 파는 잡살전, 소나 돼지를 잡아서 파는 푸줏간, 제사 도구를 파는 색전 등은 지금은 낯설지만 옛날에는 꼭 번창한 시장이 아니더라도 시골장 어디에서나 볼 수 있는 것들이었다. 규모가 작은 가게는 애막이라고 하였으며, 때때로 건었다 벌였다 하는 영세한 가게는 헛가게라고 불렀다.

시장 내부는 지방 또는 시장 성격에 따라 약간씩 차이가 난다. 대개 포목전, 싸전, 채소전, 어물전, 잡물전 등이 각기 같거나 유사한 품목끼리 모이게 되며, 이중 옷가게와 어물전은 되도록 거리를 둔다. 충청도 홍주 지방에서는 상품 종류에 따라 도자기, 식염, 어류 등의 부상 물품(負商物品)과 직물이나 장신구 등의 보상 물품(褓商物品)이 구분되어 있어 시장 구성에 보부상의 영향이 보인다.

서울 사람들은 시장보다는 시전을 이용하였다. 한양 중심가에는 단전(緞廛), 주전(紬廛), 지전(紙廛), 포전(布廛) 등의 큰 점포들이 종가를 끼고 모여 있었다. 과거의 도시 시장, 특히 서울 시전의 모습은 어떠하였을까? 유득공(柳得恭, 1749~1807)이 쓴 『경도잡지』에는 장을 보려는 서울 사람들이 새벽에 이현(梨峴), 즉 지금의 종로 4가인 배오개와 소의문(昭義門) 밖에 모이고, 점심에는 종가(鐘街)에 집결하는 서울 풍경이 나와 있다.

전(廛)이라고 하는 것은 규모가 큰 상점을 말한다. 공랑과 육주비전 등이 이에 해당한다. 전은 또 서서 파는 입전(立廛)과 앉아서 파는 좌전(坐廛)으로 구분한다. 시전 건물은 창고가 딸린 기다란 단층 시설로 뒤칸은 물품을 쌓아 두는 창고로 이용되었으며 앞칸 정면에 상인들이 앉아 있고 상품의 일부가 손님에게 보이기 위해 진열되어 있다.

각 전의 주인들은 전시정(廛市井)이라고 하였다. 이들에게는 가게에 대한 세습권이 인정되었다. 시정은 소매 끝에 한삼을 늘어뜨린 두루마기를 입은 채 점포 안에 앉아 있고, 중치막을 걸치고 갓을 쓴 여릿군[列立軍, 閱入軍]이라는 거간이 줄지어 늘어서서 고객을 끌어들였다. 이들은 구변이 좋고 흥정을 잘해 이들에게 잡히면 누구나 주머니 끈을 끄르지 않을 수 없었다고 한다.

이들은 가격을 정하고 셈을 할 때 고객이 알아듣지 못하도록 은어를 사용하였고, 특히 숫자는 중국어로 발음하였는데 다음과 같이 세 글자 중에 첫 글자가 중국식 숫자 음이다.

一 : 憶多嬌, 二 : 耳邊風, 三 : 散秋香, 四 : 思鄉馬, 五 : 誤佳期,
六 : 柳搖金, 七 : 砌花臺, 八 : 覇陵橋, 九 : 救情郎, 十 : 舍利子

시전 여릿군

전통 사회의 다양한 거래 관행은 장터에서 통용되었고, 또 새로운 관행들을 생성해 내었다. 상거래 때 작성되는 거래명세서, 감정서, 또는 단순한 물품 목록을 장기(掌記)라고 하였다. 우리가 지금도 쉽게 볼 수 있는 명문(明文)이라는 고문서는 후일의 증거를 만들기 위해 명백하게 적어 놓는 글이라는 뜻으로, 전답매매문기 등 주로 부동산 거래 때 교환되는 계약서가 많다. 가옥에 대한 임대차계약서라고 할 수 있는 세가문권(貰家文券)도 여기에 해당한다.

임치장(任置狀)은 지방에 따라서는 적치장(積置狀)이라고도 한다. 물품이나 돈을 맡긴 사람에게 주는 일종의 보관증이었으며 돈을 빌리는 담보로도 이용되었다. 그 밖에도 객주들이 물품 거래 때 사용했던 문서들에는 다음과 같은 것들이 있었다.

선지증(船之證)은 선박으로 화물을 운송할 때 발행하는 증서다. 물건을 보내는 자가 이를 작성하여 화물과 함께 선주에게 교부하는 것과 선주가 작성하여 물건을 보내는 자에게 교부하는 것의 두 가지가 있다.

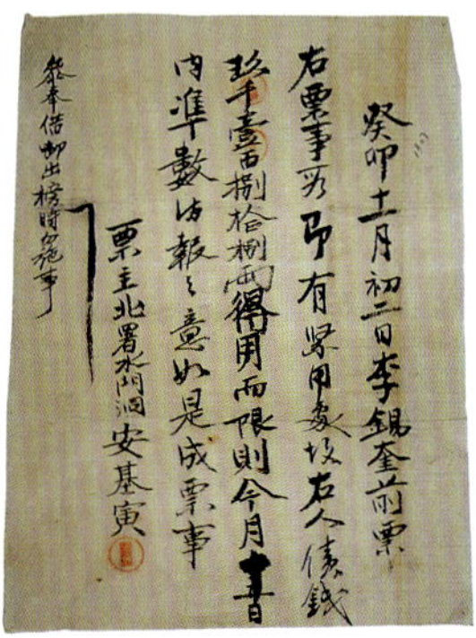

임치표 1903년
참봉 벼슬이 확정되면 맡긴 돈을 돌려받지 않겠다는 약조를 걸었다.

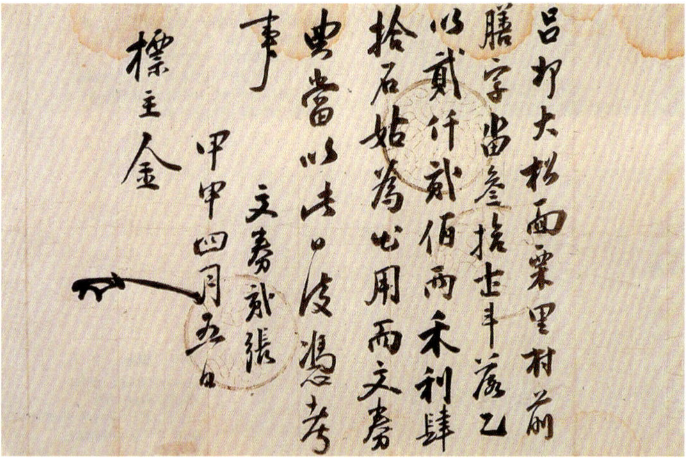

수표 1884년
지주 김씨가 여주의 논을 담보로 돈을 빌리고 써 준 전당 문서다.

출차표(出次票)는 돈을 지불할 때나 맡긴 물건을 찾을 때 작성하는 증서이며, 고본(股本)은 고금(股金)이라고도 하며 공동 투자로 사업을 할 경우 투자자에게 투자를 증명해 주는 문서로 주식의 증권(證券)과 같다. 또한 수표(手票)는 돈이나 물건 등을 빌려주거나 기탁(寄託)할 때 주고받던 증서다.

대부업은 객주가 위탁 판매를 하면서 부수적으로 행하는 금융 서비스로서 다음과 같은 여러 방식이 있다. 즉 물품 판매를 위탁받을 때 물품에 대한 금액을 미리 지불하는 가도금(假渡金), 위탁 판매를 조건으로 매상(買上)하는 전도금(前渡金), 또는 토지를 담보로 하는 대부금(貸附金) 등이다.

객주는 예금 업무도 담당하였는데 매각 금액을 물주가 당장 가져가지 않고 맡길 경우에 객주는 그 기간 동안 예금한 것에 대한 이자를 원금에 가산해 주는 식이다. 어음을 발행한 자들도 객주였다. 현재의 수표 할인과 같이 대금을 지정한 날짜에 갚을 것을 약속하는 증서가 어음

어음 1905년
삼만냥짜리 어음으로 채권자는 우측을 소유한다.

일기책(日記册) 1885~1887년, 조흥은행 소장
100냥에서 500냥까지 나누어 쓸 수 있는 어음표를 부착하였다.

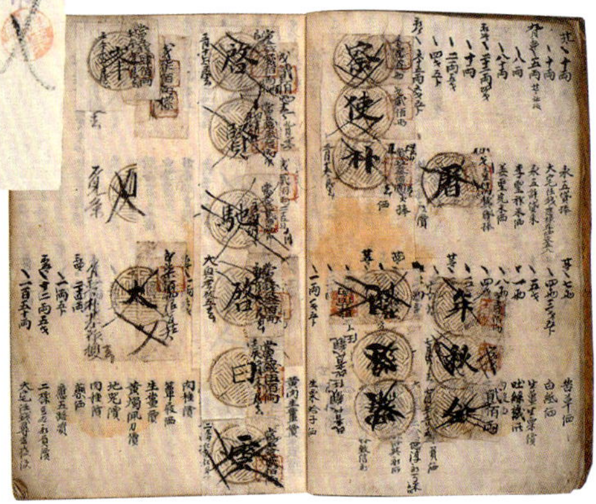

이다. 수결이나 도장을 지르고 한가운데를 잘라 이름 쓴 쪽을 채권자에게 주고 한쪽은 자기가 갖는다. 어험(魚驗), 구권(矩券)도 같은 뜻이다. 줄여서 '엄' 이라고도 한다.

어음과 유사한 것으로 금전의 지불을 위탁하는 환간(換簡), 또는 환표(換標)라는 것이 있다. 먼 거리의 사람끼리 편지 모양으로 보내는 지급명령서라고도 할 수 있는데, 이것을 받은 사람은 적힌 액수대로 지불을 하되 만일 지불할 이유가 없을 때는 '退' 자를 써서 도로 내어 준다.

조선 시대 역시 중개업을 하기 위해서는 반드시 관의 허가를 받아야 했다. 양민으로서 재산이 있는 자가 중개인이 되려면 해당 관청에 중개업 허가 신청을 내고 도장이 찍힌 허가 문서를 받아야 한다. 관의 허가를 받지 않고 거래를 중개하다가 적발되면 곤장 60대를 맞고 받은 구전을 모두 몰수당했다. 또 저울 등 각종 도량형기를 규정대로 만들지 않는 장인도 장형 70대에 처해지고 검사를 제대로 하지 않은 관원도 함께 처벌을 받았다.

거래를 직업으로 하는 상인들에게는 고객을 상대로 유리한 흥정을 이끌어 내는 것이 무엇보다 중요하다. 예나 지금이나 상인들은 마수걸이, 즉 그날의 첫 거래를 매우 중요하게 여긴다. 첫 거래의 내용을 가지고 그날의 운세를 점치므로 기분 좋은 거래가 되도록 노력한다. 첫 손님이 값을 깎거나 여자인 경우는 그날의 재수를 안 좋게 보고, 상주(喪主)나 임신부가 첫 손님이면 그날 장사가 잘될 것으로 기대한다.

흥정을 유리하게 하려는 상인들의 수법에는 여러 가지가 있다. 되내기 수법이란 팔 물건을 좋게 또는 많게 보이도록 포장하는 것이다. 구매자가 이것을 잘 살펴보지 않고 사면 바가지를 쓰게 되는데 이러한 경우를 '솟보았다' 고 한다. 담타기는 물건을 구입할 때 입은 손해를 구매자에게 그대로 씌우는 것이다. 대봉치기는 셈을 할 돈이나 물건을 다른 것으로 대신 채워 주는 것이다.

그러나 고객을 끌기 위해서는 고객에 대한 서비스도 고려해야 하는데, 소금장수처럼 제값의 물건 외에 더 얹어 주는 덤은 흥정이 잘 이루어지도록 하는 방법의 하나다. 소금장수들은 애초부터 덤을 담는 조그만 되를 따로 가지고 다녔다. 외상도 고객에 대한 서비스의 하나다. 옛 상인들은 눈금으로 외상값을 표시하는 엄대라는 막대기를 가지고 외상 거래를 하였다.

가격을 정하는 방법도 여러 가지다. 둘 이상의 물건 값을 한꺼번에 셈하는 얼러치기, 한꺼번에 통째로 계산하는 통거리 또는 도거리, 값을 여러 번에 나누어 받는 드림셈, 쌍방간에 사고팔면서 차액만 지불하는 덧두리 또는 에낌, 팔다 남은 물건을 싸게 떨어 파는 떨이 등은 오래전부터 관행으로 내려온 거래 방식들이다.

시장 가격은 같은 날에도 일정하지가 않아 값이 가장 비쌀 때 사는 경우가 있는데, 이것을 '상투 잡았다' 고 한다. 요즈음도 주식 시장에서 이러한 말을 들을 수 있다. 덩치가 큰 상품이 화매(和賣), 즉 서로 군말 없이 흥정이 잘 이루어지면 판 사람이나 산 사람이 술대접을 하기도 한다. 이것을 성애라고 하며 이때 마시는 술을 성애술이라고 한다. 성애란 아마도 '말을 이루었다' , 즉 성어(成語)를 뜻하는 것 같다.

거래의 내역을 기록한 거래 장부에도 여러 종류가 있었는데 대표적인 것이 일기장(日記帳), 물품거래장(物品去來帳), 회계책(會計册), 분개장(分介帳) 등이다. 분개장에는 원장(元帳), 외상장책(外上長册), 타급장책(他給長册), 결산장(決算帳) 등이 포함된다. 사개부기(四介簿記) 또는 사개송도치부법(四介松都治簿法)이라고 하는 개성상인들이 개발한 복

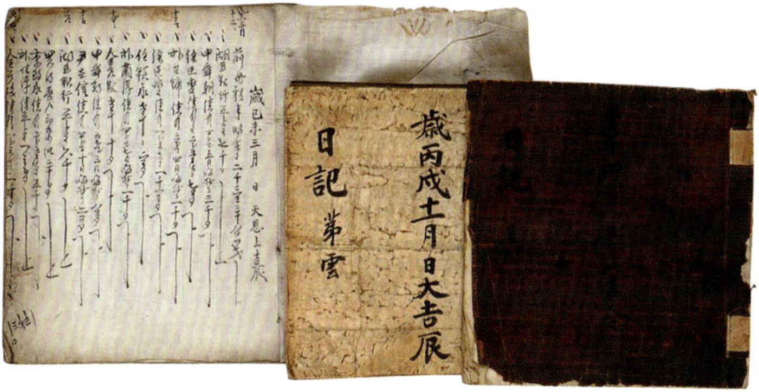

상인일기 한말, 그날 그날의 거래 사실을 발생 순서대로 적은 장부책이다.

식 부기가 어떠한 것인지는 이러한 문서를 보면 알 수 있다.

각 시대의 도량형은 시장 거래 과정에서 파악된다. 우리나라는 조선 세종 때 도량형을 정비하여 규격화를 꾀한 바 있었는데, 이는 특히 향시의 유통 구조를 원활히 하는 데 큰 도움을 주었다.

상품을 재거나 세는 단위는 품목마다 각기 다르다. 시금치나 배추는 다발 또는 단으로, 사과나 마늘 등은 100개를 한 접으로, 김은 40장을 한 톳으로 센다. 조기는 한 뭇에 10마리, 굴비는 한 두름에 20마리, 오이는 한 거리에 50개, 백지는 한 권에 20장이다. 과실류는 상자 단위로 세고, 달걀이나 건어물류는 꾸러미를 단위로 한다.

길이를 잴 때는 주로 주척(周尺)이 사용되었으나 경우에 따라 영조자(營造尺), 침자(針尺), 포자(布尺) 등이 사용되기도 했다. 주척(周尺)이란 중국 주(周)나라에서 제정하여 사용한 자(尺)로서 우리나라에서도 길이의 단위로 사용해 왔는데, 시대 또는 장소에 따라 변천을 거듭하여 정

셈기구 – 산가지

셈기구 – 환산반

각종 셈기구
왼쪽은 곱셈용 주산반(籌算盤), 위쪽은 볏단 등을 세는 산목(算木), 아래쪽은 주판이다.

미레자와 곱자

색대
가마니 속의 벼를 간품(看品)할 때 사용한다.

확한 표준을 가지고 있지 않지만 대개 20cm가 조금 못 된다.

홉[合], 되[升], 말[斗], 섬[石]은 곡물, 간장, 술 등의 부피를 잴 때 쓰는 단위이며 푸대도 역시 부피의 단위로서 곡물, 채소, 술 등을 세는 단위다. 특히 쌀을 거래할 때 많이 쓰는 단위는 '되'이다. 되를 잴 때는 '깨끼', '마세', '평승(平升)'이라 하여 굴렁대(혹은 밀대)로 깎아서 재는 방법과 '고봉(高峯)', '고승(高升)'이라 하여 수북이 쌓아 재는 방법이 있는데, 고봉을 쓰면 2홉 정도 더 많이 담을 수 있다. 대추, 밤 등을 농민들로부터 사가는 상인들은 '아름되'라고 하여 되도록 많은 양을 담기 위해 되에다 물건을 꾹꾹 눌러 담고 또 되를 배에 붙여 고봉을 더 높이 만들었다.

무게를 재는 단위로는 근(斤), 관(貫) 등이 있는데 곡물, 육류, 과일, 채소, 인삼 등을 잴 때 적용되었다.

시장에서의 돈 거래는 장날마다 일정한 장소에서 상인과 농민 간에 이루어진다. 장에는 또 가난한 농민들을 상대로 돈을 빌려 주고 고리대를 받는 전리꾼(錢利軍)들이 있다. 상인이 농민에게 대여하는 자본은 현물일 수도 있고 현금일 수도 있다. 현물 대여의 경우에 현물로 갚느냐 아니면 노동력으로 갚느냐에 따라 그 방식이 다른데, 전자의 경우는 '색걸이', 또는 '장리곡(長利穀)'이라 하여 대개 춘궁기에 빌린 것을 추수기에 한 배 반으로 갚는다. 후자는 논농사에서의 고지 방식이다. 현금을 빌려 주고 현물로 받는 예는 '나락돈', '싸리돈' 등이 있다. '싸리돈'은 요즈음의 '밭떼기'와 같이 돈을 빌려 준 사람이 수확될 곡물에 대해 구입권을 독점하는 것이므로 보통 시장 가격보다 낮은 가격으로 곡물이 전주(錢主)에게 넘어가게 된다.

시장에서 통용되던 이자도 종류가 다양하였다. 보통 '장이자'라고 하

각종 저울

약 저울

장에 가는 길 김득신, 개인 소장

는 장변(場邊)은 시장마다 이자율이 조금씩 달랐는데 대개 1원을 빌릴 경우 이자에 해당하는 10전을 선이자(先利子)로 뗀 나머지 90전만 받고 이후 매 장날마다 10전씩 10회로 나누어 분납한다. 그러므로 50일에 1할에 해당하는 높은 이자를 물게 되는 것이다. 일수(日收)나 월수(月收)는 원금에 이자를 얹어 날마다 또는 다달이 갚아 나가는 것이다. 일변(日邊)이나 월변(月邊)은 날 또는 달로 이자를 계산하는 것이다. 낙변(落邊)은 이자를 분납할 때 이율을 점차로 줄여서 받는 방식이고 가변(加邊)은 반대로 늘려서 받는 방식이다.

체계(遞計)라는 것도 대출 방식의 하나다. 체계돈, 또는 장체계라고도 하며 장날마다 횟수를 나누어 본전과 이자를 함께 갚아 나가게 하는 방식이다. 예를 들어 1,000원을 빌렸다면 한 장간(場間)에 110원씩 10회에 걸쳐 갚는 것이다. 와변(臥邊), 장변(長邊) 등은 원금은 남긴 채 이자만 치르는 것으로 여기서 와(臥), 즉 누웠다고 한 것은 원금은 그대로 두었다는 뜻이다.

Ⅱ

시장의 역사

1. 고려 시대 이전

2. 조선 시대

3. 개항 이후

1 고려 시대 이전

우리나라 시장의 역사는 멀리 삼국 시대 신라까지 거슬러 올라간다. 신라 소지왕 12년, 즉 490년에 경주에 경시(京市)를 두었고 지증왕 10년, 즉 509년에 동시(東市)를 설치하였으며, 효소왕 4년(695)에는 서시(西市)와 남시(南市)를 설치하여 시장을 감독하였다. 그러나 그 이전에도 진한(辰韓) 등에 시장이 있었음이 중국의 역사서 『삼국지』 중 「진한」의 문헌 기록을 통해 확인된다. 그러나 시장이 제 모습을 갖추고 기능하게 된 것은 고려 시대부터다.

고려 시대에는 국가 체제가 정비되고 불교가 융성하면서 사원(寺院) 경제가 발달하여 사원이 확보하고 있는 토지나 노비의 수가 증대하였고 이러한 재원을 토대로 승려들은 자체적으로 각종 수공업품을 생산하고 이를 파는 상거래 활동이 일상화되었다. 또한 곡물 재배는 물론 소금의 생산과 판매, 술의 제조 등도 이들이 담당하였다.

수공업품 생산을 담당하는 공장(工匠)은 국가가 직접 운영에 개입하는 관영(官營)과 그렇지 않은 사영(私營)으로 구분되었으며 양자 모두 공장세(工匠稅)를 내었다. 사영 공장인들은 부역 외에도 매년 내는 상공(常貢)과 특별한 때에 내는 별공(別貢)을 국가에 상납하였다. 이들은 개성을 비롯하여 주·부(州·府) 등의 행정 중심지에서 일하였는데, 그 이유는 이곳이 주된 소비자인 봉건 귀족들이 모여 살던 곳이어서 자신들의 잉여 생산물을 소비시킬 수 있었기 때문이다.

가장 큰 규모의 시장은 국가에서 설치한 개성의 관설 시전(官設市廛)으로 외국 사신의 왕래가 있을 때면 대시(大市)가 되었다. 이러한 시전들은 고려 중엽 이후 더욱 번창하였다.

『고려도경』에 송도(松都)에는 광화문에서 부(府) 및 관(官)에 이르는 거리 양측에 공랑(公廊) 형식의 점포가 늘어서 있었다는 기록이 있는데 조선 시대까지도 그 명맥을 유지할 정도로 규모가 큰 것이었다. 이 행랑 중에는 영통(永通), 광덕(廣德), 흥선(興善), 통상(通商), 존신(存信), 자양(資養), 효의(孝義), 행손(行遜) 등의 유교적인 문구를 써 붙인 점포들이 있었다. 희종 4년(1208)에 이 공랑은 크게 개축되었다. 광화문에서 십자가(十字街)에 이르는 양편으로 장랑(長廊) 1,008영(楹)을 새로 지은 것이다. 이러한 고정 점포 외에도 부근의 일정한 장소에 노상 시장이 형성되었는데 성내 주민들과 인근 농민들이 이를 이용하였다.

고려 시대에는 성읍(城邑)을 끼고 향시(鄕市)가 운영되었다. 이를 허시(墟市)라고도 하였는데 그 뜻은 결국 시장과 같은 의미이나 유통 구조가 잘 발달되어 있지 않던 당시로는 각자가 약속된 빈터로 자신의 생산물을 가지고 나와 필요한 물품과 교환하는 방식으로 운영되었을 것으로 짐작된다. 교통의 요충지에는 주시(週市)가 있었다. 또한 역로(驛路) 제도가 실시되어 개성을 중심으로 전국적으로 역이 설치되었고 그 주변에는 원(院)이 설치되었는데, 본래는 지방을 여행하는 관리들을 위한 숙소였지만 행상인들이 이용하게 됨으로써 지방 상업의 중심지가 되었다.

화폐 단위로는 포목이 주로 쓰였는데 개성에는 경시서(京市署)라는 곳에서 검사 업무를 담당하였고 어사대(御史臺)에서 감독하였다. 지방

군현의 경우는 지방 관리들이 검사 업무를 담당하고 안렴사(按廉使)가 감독하였다. 송손목(宋孫穆)이 쓴 『계림유사』에는 패미(稗米)로 물가를 정했고 양이 많을 때는 은병(銀甁)으로 셈한다고 하였다.

고려 말기가 되면 신유학자들의 상업에 대한 비판적 시각을 담은 기록들이 나오는데 이를 통해 이전 시대에 비해 상업의 비중이나 상인의 수가 커지고 늘어나게 되었음을 추측할 수 있다.

2 조선 시대

조선 초기 서울에는 수도 인구가 증가함에 따라 성내 이곳저곳에 매일장 형식의 노상 시장이 생겨났다. 이것이 점차 증가하자 상품 종류별로 거래 구역이 지정되었는데, 예를 들면 지금의 관철동과 장교 일대인 장통방(長通坊)에 큰 시장이 설치되었고 그 밖에도 문전마다 조그만 시장이 형성되었다.

정종 원년인 1399년에 시전(市廛)이 처음으로 서울에 설치되었는데 좌우로 800여 간의 행랑이 혜정교(惠政橋)에서부터 창덕궁 동구까지 늘어섰다. 그러나 당시는 개성으로 다시 서울을 옮기는 등 불안한 정세로 운영 체제를 제대로 갖추지 못하다가 태종 10년인 1410년부터 벌어진 건조 사업(建造事業)으로 다시 자리를 잡게 되었다.

시전은 관청의 허가를 받아 장사를 하는 대신 관에 필수품을 공급하는 상점이다. 그런데 전마다 그 규모가 달라서 이익이 남는 곳은 유푼각전[有分各廛]이라고 하여 국역을 부담시켰는데, 특히 많이 부담하는 시전 여섯 곳을 육주비전[六矣廛]이라고 하였고 나중에는 두 곳을 추가하여 팔주비전이라고 하였다. '주비'란 으뜸이 된다는 우리말인데 이를 '矣'라고 이두식으로 표기한다. 한편 규모가 작은 시전은 무푼각전[無分各廛]이라고 하여 국역이 면제되었다. 육주비전은 국역을 많이 지는

수세패 국립중앙박물관 소장
평시서로부터 징세를 위임받은 족두리전 상인이 차고 다니던 패다.

대신 그에 상당하는 권한과 혜택이 주어졌다.

고려 시대의 시장은 성읍을 중심으로 이루어졌으며 성을 벗어나면 거주 환경이 제대로 갖추어져 있지 않아 시장이 잘 설 수 없었다. 이에 비하면 조선 시대는 농업 생산력의 꾸준한 발전으로 거주 영역이 확대되면서 광범위한 지역에 인구가 널리 분포되어 있었다.

조선 시대의 향시, 즉 정기 시장은 이러한 배경을 가지고 성립되었다. 또한 역으로 정기 시장이 전국 어느 곳에나 골고루 형성됨으로써 주거 지역이 읍이나 일부 도시와 같은 특정한 곳에 몰리지 않고 시골 구석구석으로 확장되면서 인구가 더욱 원활히 분산될 수 있었던 것이다.

향시, 즉 지방의 장시는 15세기 말부터 삼남 지방에서 생겨나기 시작하였다. 실록에는 성종 때 이러한 향시가 전라도에 형성되었다는 기록이 있다. 중종 때에 이르러 장시는 지방마다 상당한 발전을 이루었다.

향시는 처음부터 5일 간격으로 선 것은 아니었다. 그러나 선조 때에 이르러 향시의 수가 많아지면서 자연스럽게 하루 왕복 거리인 30~40리

마다 장이 들어서고 5개의 장이 서로 겹치지 않게 장날을 분담하는 5일 단위의 순회 방식으로 연결되었다.

장시의 개설은 더욱 진전되어 17세기 말에서 18세기 초에 이르게 되면 국토 전역으로 확대된다. 이것은 그동안의 주거지 확산과 수공업 부문에서의 변화, 그리고 이에 따른 상품 화폐 경제의 발달이 뒷받침되었기 때문이다. 또한 농민과 공인(工人) 및 상인의 구분은 조선 후기로 내려올수록 뚜렷해졌다. 생산력의 발달로 인해 그만큼 분업이 진전되었기 때문이다. 그러나 여전히 생산자로서의 농민과 공인은 시장에서는 일시 상인이 되었다. 이러한 경향은 농업 부문의 잉여가 증가하고 민간 수공업이 발전하면서 더욱 두드러지게 되었다.

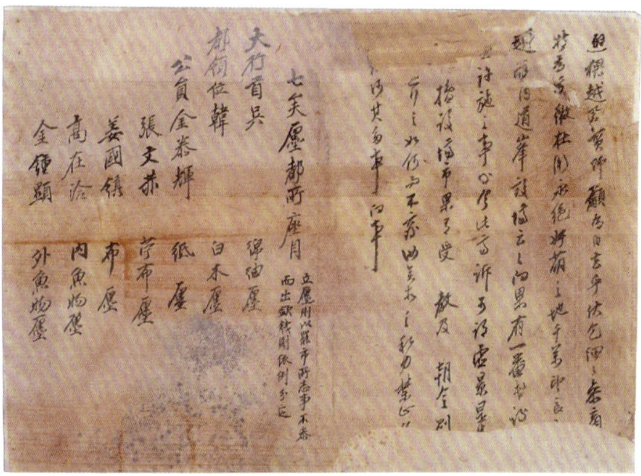

팔주비전 소지 1829년, 국립민속박물관 소장
팔주비전 중 입전을 제외한 7개 전 시전 상인들이 경기도 양주 누원점에 세워진 시장 때문에 이권을 침해당하고 있음을 관에 호소한 소장이다.

잡화 시장 1910년

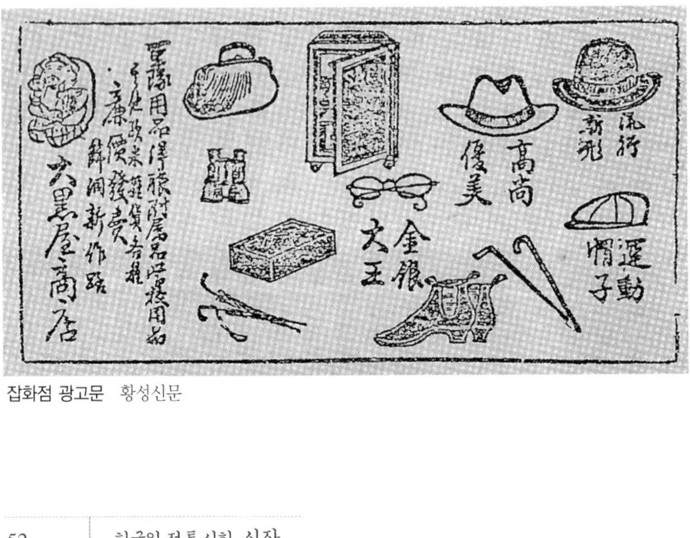

잡화점 광고문 황성신문

3 개항 이후

조선의 전통적인 시장 체계는 개항을 전후하여 점차 변질되어 갔다. 일제 강점기에는 일본인 상인들의 상권에 대한 침해가 본격화되면서 시장 체계는 자본주의적 생산 방식에 따른 생산량 및 생산 품목의 변화와 육로 교통의 발달에 따라 커다란 변화를 겪게 되었다.

조선의 시장은 개항과 함께 일본 상인들의 위협에 직면하였다. 이들은 양국 간에 물가 표준이 정해져 있지 않은 데다 해관이 설치되어 있지 않아 관세마저 면제받는 상황에서 적어도 1884년까지는 부당한 이득을 얻고 있었다. 그 결과 대일 무역액이 급격히 증대하였으며 수입품이 많아 적자 무역을 면치 못하였다. 이들이 중개한 수입품 중에는 영국산 자본재 면제품이 주종을 이루었다. 1890년대에 들어서는 일본이 자국으로의 곡물 수출을 증대하면서 수출 초과 현상이 나타나기도 하였다.

당시 외국인들이 남긴 기록을 보면 개항기 이후 시골장에도 이미 외국 상품들이 침투하였음을 엿볼 수 있다. 즉 정기 시장에서는 토산품뿐 아니라 외국 상품도 팔고 있었는데, 토산품은 주로 과일, 여러 품질의 쌀, 콩과 수수, 숯, 무쇠 단지와 솥, 면포와 섬유로 만든 직물, 광주리, 장롱, 은가락지, 장신구, 짚신과 대마로 만든 신, 여러 모양의 갓 등이다. 외국 상품으로는 회색 모직물, 수건, 바늘, 일제 성냥, 거울, 통에 든 베

용산 공설 시장

클린 청색 물감과 병에 든 아닐린 염료, 싸구려 칼, 과자, 리본, 끈, 니스 칠 한 일제 담배 파이프, 싸구려 비누 등이다.

근대화 과정에서 군국화한 일본은 한국 등에 대한 식민지 경영을 통해 아시아의 무역 중심국이 되었다. 1914년에 일제는 시장 규칙을 제정하여 종래의 시장을 재래 시장, 식료품 판매 시장, 수산물 · 청과 경매 시장으로 나누었다. 이 규칙으로 모든 시장 활동은 시 · 읍 · 면의 허가 사항이 되었다. 시에는 공설 시장을 설치하여 시에서 선정한 일본인에게 운영권을 주었다. 이 규칙이 발표된 이후부터 시장의 설치, 변경, 수의 증감 등이 도지사의 허가 사항이 되었다.

1926년에 조선 총독부(朝鮮總督府)에서 낸 통계에 의하면 전국의 5일장 수는 1,356개로 일제 강점기 이전에 비하면 근 300개가 늘었는데 주로 함경도, 평안도, 강원도 등 이북 지방에서의 증가 때문이었다. 해방 후의 통계로는 1976년에 실시한 국립농업경제연구소의 조사 결과가 있는데 남한에만 1,046개로 일제 강점기 때 정체되었던 남한에서 1960년대부터 1970년대에 걸쳐 면 단위로 장이 개설된 결과다.

1980년대에 들어와 장의 수는 급격히 감소하기 시작하였다. 1998년도 동아일보사 조사에 의하면 569개로 20년 전에 비해 절반가량 줄어들었다. 1970년대 중반 이후부터 쇠퇴의 길을 걷고 있던 결과다. 교통의 발달 등 여러 가지 이유가 있겠으나 가장 큰 이유는 이농(離農)으로 인한 농촌 인구의 감소다. 1개 읍에 4~5개 되던 초등학교가 1~2개로 줄어들 정도의 인구층의 노령화로 구매력이 떨어지는 상황에서 전문 상인들은 이미 장을 떠났고, 그나마 버티던 영세 상인마저 떠나고 있다.

장에 가는 길 2 황헌만 사진

罰目
不孝不悌者 笞五十度
謾於先生者 笞四十度
市中抑賣者 笞三十度
頑悖同類者 笞三十度
酗酒作亂者 笞二
不義行事者

III

상 인

부상도 김홍도, 호암미술관 소장

1 상인 신분

농민들이 가지고 나온 농산물들은 곡식의 경우를 빼놓고는 중간 상인을 거치지 않은 채 직접 소비자에게 판매된다. 곡식은 두량(斗量)에 의해 가격이 책정된 후 매매가 되므로 중간 상인을 필요로 한다. 시장에서 곡물전 또는 싸전을 운영하는 이들을 시장 속어로 '되쟁이'라고 한다. 과거에는 정부 대리인으로 시장을 감독하던 감고(監考)가 있었다. 이들은 농민들에게 곡식을 살 때 되를 달아 값을 정하고 한 되가 못 되고 남은 '되밑'과 그것을 다시 팔 때 생기는 여분을 이익으로 취한다.

장을 순회하는 영세 상인들은 대도시의 상설장이나 규모가 큰 읍장에서 도매 상인으로부터 물건을 사서 바로 그곳에서 팔고, 남은 것은 시골장을 돌아다니며 판다. 부패하기 쉬운 해산물을 취급하는 상인들은 이와는 달리 각 장마다 직접 산지에서 물건을 가져와 판다. 이들은 주로 해안 지대의 주민들이다. 이들 영세 상인은 상민의 신분이었으며 19세기에 이르면 간혹 몰락 양반도 이에 끼어들었다.

『경국대전』에 의하면 상인은 앉아서 파는 좌고(坐賈)와 돌아다니며 파는 행상(行商)으로 나뉜다. 좌고는 좌상(坐商)이라고도 하며 좌고와 행상을 합하여 상고(商賈)라고 한다. 그 밖에 객주(客主), 거간(居間), 공인(貢人) 등이 있다. 법 규정에 의하면 좌고는 공랑 한 칸을 점유하고 매달

그믐마다 저화(楮貨) 4장, 그리고 봄가을로 각기 저화 20장을 세금으로 냈다. 행상은 육상(陸商)과 수상(水商)으로 나눌 수 있는데, 이들에게는 통행증인 노인(路引)을 발급하고 역시 세금을 받았다. 육상에게는 매달 그믐마다 저화 8장을 받고 수상으로부터는 배의 규모에 따라 대선(大船)은 100장, 중선(中船)은 50장, 소선(小船)은 30장을 받았다.

조선에서는 세금으로 징수된 곡식들이 지정된 바닷길을 따라 서울로 운송되었는데, 이것들은 거의 모두 경강선박(京江船舶), 즉 한강의 주요 나루터에 본거지를 둔 배들이었다. 배의 임자는 원래 나룻배에서 출발한 자들로 서울 지주들이 지방 소작인들로부터 받은 소작미를 운반하면서 자본을 축적하였다. 이들이 곧 경강상인(京江商人)인데, 경강인(京江

경강부임진도 19세기 전반, 서울대학교 규장각 소장
경강(한강) 주변 지역의 지도로, 한강변의 나루터를 중심으로 상업이 번창했던 당시 모습이 잘 나타나 있다.

人), 강주인(江主人), 경강선인(京江船人), 강상부민(江上富民), 선주인(船主人) 등으로 불렸다.

보부상이라고도 불리는 육상 또는 행상들의 조직을 정부에서 공식적으로 인정해 준 것은 19세기 중엽에 이르러서다. 이들은 주로 장을 순회하며 물건을 팔지만 단골 고객에게는 가정 방문을 통해 판매하기도 한다. 그중 방물장수라고 하는 일종의 보상(褓商)인 여자 행상은 집주인의 허락 없이도 집 안뜰까지 들어가는 것이 묵인되었다. 시장을 주로 남자나 노비들이 출입했던 전통 사회에서 여자들은 외출이 자유롭지 못했기 때문에 가정을 방문하는 여자 행상을 통해 물품도 구입하고 바깥세상 돌아가는 사정이나 이웃에서 벌어진 잡다한 소식을 접할 수 있었다.

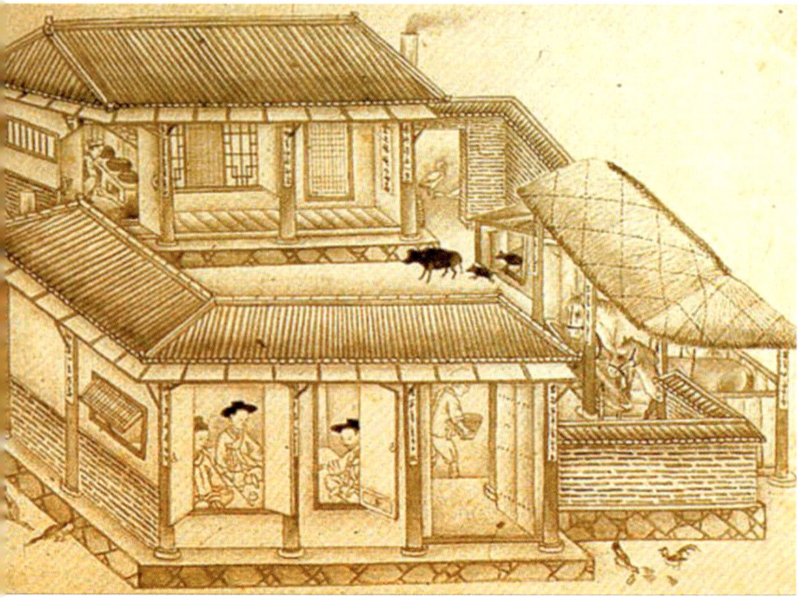

객주 김준근의 『기산풍속화첩』 중에서

2 객주와 거간

거래 물량이 많을 경우 시장에서 처음 만난 판매자나 구매자나 모두 당사자들끼리 바로 거래하는 것을 불안하게 여긴다. 이때는 위탁 판매를 함으로써 불확실성을 해소할 수 있는데, 이를 담당하는 상인이 객상주인(客商主人), 즉 객주다. 객주가 이 일을 수행할 수 있는 것은 고객 사이에 신용이 전제되어 있기 때문이다. 객주는 각처에서 모여드는 상인들을 위하여 이들이 거처할 곳이나 물건을 보관하는 일, 매매를 성립시키는 일 등을 업으로 한다. 창고 보관과 물품 운송 취급은 위탁 판매에 부수되는 업무다.

객주는 취급 물건에 따라 청과 객주(靑果客主), 수산물 객주(水産物客主), 곡물 객주(穀物客主), 약재 객주(藥材客主) 등으로 분류되며 이러한 물산 객주(物産客主) 외에 중국 상품에 대한 위탁 판매를 주로 하는 만상 객주(灣商客主), 봇짐장수를 상대로 주로 내륙에서 활동하는 보상 객주(褓商客主)가 있다. 일반 보행자에 대한 숙식만을 전업으로 하는 보행 객주(步行客主), 일용품을 주로 다루는 무시로 객주[無時客主]도 있었다.

객주를 도와 위탁 판매의 실무를 담당하는 상인이 거간이다. 거간은 매매자 쌍방간에 개입해서 거래를 성사시키고 수수료를 받는 자를 말한다. 장주릅, 우다위 등으로 부르고 집을 거래하는 거간은 특히 가쾌(家儈)라

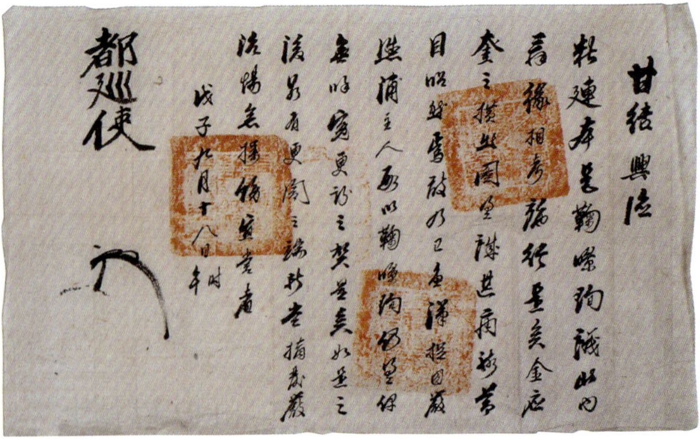

감결 1888년, 전북대학교박물관 소장
전라도 순찰사가 흥덕 현감에게 전 여각 주인 국경순의 포세권과 관련하여 내린 문서이다.

고 한다.

거간에는 객주에 전속된 내거간(內居間)이 있고 그렇지 않은 외거간(外居間)이 있다. 또 판매 내용에 따라 미곡 거간, 환전 거간 등으로도 분류된다. 객주는 거래된 물건들에 대해 책임을 지지만 거간은 판매자와 구매자를 연결시켜 성사되면 그 이상의 책임은 없다. 그러나 이들은 객주가 거래로 인해 손해를 입지 않도록 시장의 거래 상황을 알려 주고 매매자의 신용에 대해 조사해 주는 등의 정보 제공 역할을 한다.

거간은 구전(口錢), 즉 수수료로 대개 매매 가격의 1%를 받는다. 그러나 객주의 수수료는 경우에 따라 다르다. 내구(內口)는 팔 사람으로부터 받는 구전으로 물품에 따라 다르지만 어염이 가장 높아 매매 가격의 1할

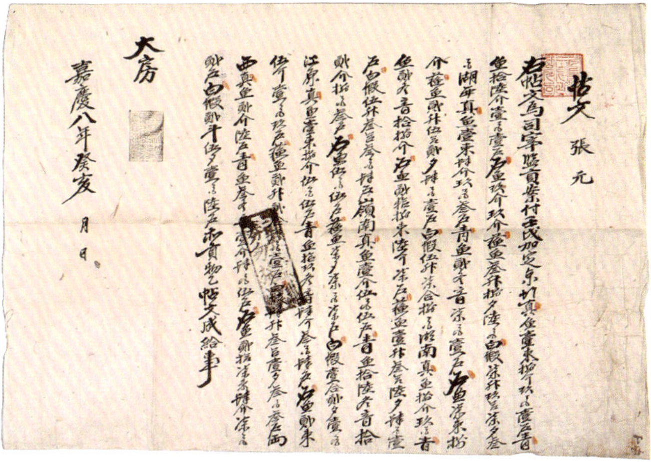

사재감 공인 체문 1803년, 국립중앙도서관 소장
사재감에서 장원이라는 사람을 전 해에 새로 정한 각종 어물을 납품하는 공인으로 임명하는 문서다.

정도였다. 외구(外口)는 살 사람으로부터 받는 구전인데 거간이 받는 수수료의 절반 수준이다. 관행상 외구, 즉 살 사람으로부터 받는 경우가 많지만 농산물은 내구, 즉 팔 사람으로부터 수수료를 받으며, 은·동·철 및 피륙류는 내구와 외구, 즉 쌍방으로부터 모두 받는다. 매매 물건의 수량을 기준으로 받는 구전을 물구문(物口文)이라고 하고 가격을 기준으로 받는 구전을 전구문(錢口文)이라고 한다.

자본이 많은 객주를 여각(旅閣)이라고 불렀다. 여각은 상인들의 숙소라는 의미로도 쓰였다. 여각은 주로 연안 각 포에서 활동하였으며 대개 큰 창고를 보유하고 우마를 잠재울 수 있는 마방(馬房)을 설치한다. 여각은 주로 뚝섬, 한남동, 서빙고, 마포, 용산, 서강 등에 위치하고 있었다.

광주 서창의 여각

중개 상인으로는 그 밖에도 공인(貢人), 주인(主人), 기인(其人) 등이 있었다. 공인은 대동법 실시 이후 서울 시전과 더불어 관의 필요 물자를 독점적으로 공급했던 어용 상인이다. 이들의 국역 부담을 응변(應辨)이라고 하였는데, 국가에서 시행하는 각종 과거 시험 때 이들에게 책정된 일정한 금액의 비용을 내는 것이다.

주인은 각사 사주(各司私主)나 본관 경주인(本官京主人)이라 한다. 공물 청부를 맡던 공물 주인과 향리들이 공물 상납을 위해 서울로 출장 왔을 때 편의를 봐 주던 자들을 구분하는 용어다. 경주인들은 이들이 상경하면 공짜로 이들을 숙박시킴은 물론 여비도 빌려 주고 가난한 신참내기에게는 옷까지 한 벌 지어 주기도 하였다. 그러나 그 경비는 소속 관아에 청구되었으므로 공짜는 아니었다. 경주인들은 또 지방의 징세(徵稅) 업무를 대행하고 수수료를 받았다. 기인은 개인 상업 자본을 가진 부유한 상인들로서 주로 정부나 왕실 수요의 땔감을 청부받아 상납하던 자들이다.

우시장의 소장수에는 세 부류가 있다. 첫째는 수집상으로 농가나 수집 시장에서 집하 시장으로 출하한다. 둘째는 소 매매를 붙이고 구전을 받는 중개상이다. 이들은 밑천 없이 소의 말뚝만 옮겨 매고 돈을 번다고 하여 속칭 '말뚝 베끼기'라고도 한다. 셋째는 이동 상인으로 우시장을 따라 소를 옮기고 장마다 다른 가격 차이로 이익을 남긴다. 그 밖에도 채꾼이라고 하는 소몰이꾼이 있어 소를 몰아서 운반하는 일을 담당한다. 소를 잡아서 파는 사람은 도축 상인이라 한다. 이동 상인들이 전날 맡긴 소에 먹이를 대어 체중을 늘려 주는 일은 마방 주인(馬房主人)이 한다.

행상 김홍도, 국립중앙박물관 소장

3 보부상

봇짐이나 등짐을 지고 방문 판매를 주로 하던 행상 집단을 보부상이라고 한다. 보부상이란 보상(褓商)과 부상(負商)을 합친 말인데 보상을 '봇짐장수', 부상을 '등짐장수' 라고 부른다. 지금은 우리들에게 매우 익숙해져 있는 보부상(褓負商)이라는 용어가 문헌에 등장한 것은 조선 말기인 19세기 중반경이다. 보상이나 부상이란 용어 역시 19세기 이전으로 올라가지 않는다. 보상이나 부상들이 언제 조직의 체제를 갖추게 되었는지는 문헌적 근거가 남아 있지 않아 정확히 알 수 없지만 조선 후기 상업 발달과 관련지어 볼 때 장시가 전국적으로 형성되기 시작한 17세기 이후일 것으로 추정된다.

이들이 남긴 문서에 의하면 충청도 홍주(洪州) 일대에서는 대흥현(大興縣)에 사는 임인손(林仁孫)이 1851년 4월에 조령(朝令)을 받아 초대 접장에 피선되었다고 하였다. 즉 이때 부상들은 다음과 같은 전국적인 조직망을 형성하고 활동하고 있었다.

(전국 단위) 팔도도공사장(八道都公事長)
(도 단위) 충청좌우도도접장(忠淸左右道都接長)
도본방(都本房)

대방(大房)
(군현 단위) 반수(班首)
접장(接長)
본방(本房)
도수공원(都首公員)
공사원(公事員)
(시장 단위) 대방(大房)
비방(俾房)
집사(執事)

보부상단의 실질적인 조직 운영은 군현(郡縣) 단위의 임방(任房)에서 이루어졌다. 이중 영좌(領座)나 반수는 원로에 해당하고 접장이 실질적인 운영 책임자였다. 1851년에 작성된 「예산임방입의절목(禮山任房立議

보부상 완문 충남 예산 보부상유품전시관 소장
『한성부 완문』(1851), 『의정부 완문』(1883) 등 정부에서 보부상 조직을 공식적으로 인정한 문서들이다.

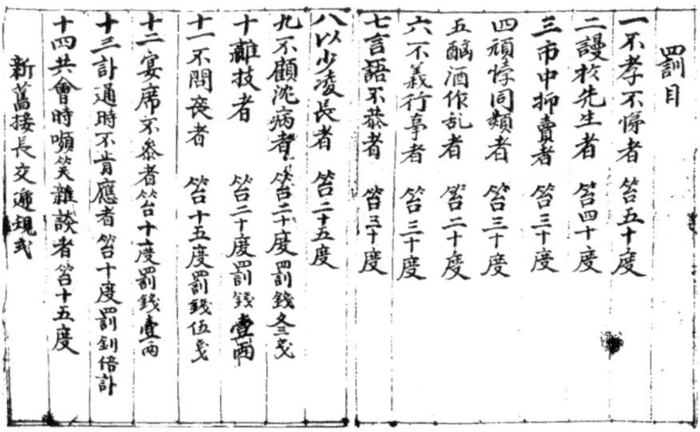
罰目

一不孝不悌者 笞五十度

二謾校先生者 笞四十度

三市中抑賣者 笞三十度

四頑悖同類者 笞三十度

五酗酒作亂者 笞二十度

六不義行事者 笞三十度

七言語不恭者 笞三十度

八以少凌長者 笞二十五度

九不顧沈病者 笞二十五度 罰錢參戔

十雜技者 笞二十度 罰錢壹兩

十一不問喪者 笞十五度 罰錢伍戔

十二宴席不參者 笞十度 罰錢壹兩

十三訃通時不肯應者 笞十度 罰錢倍計

十四共會時嚬笑雜談者 笞十五度

新舊接長交遞規式

벌목

『한성부 완문』 중에서 「예산임방입의절목」의 처벌 조항

節目)」은 비단 예산 지역뿐만 아니라 임방 조직이 있는 군현이면 어디에나 내려졌던 완문이다. 그 안에는 잘못을 행한 자에게 내리는 14가지 벌목(罰目)을 다음과 같이 적어 놓았다.

1. 부모에 불효하고 형제간에 우애가 없는 자에게는 볼기 50대를 친다.
2. 선생, 즉 반수나 접장 등을 속이는 자에게는 볼기 40대를 친다.
3. 시장에서 물건을 억지로 판매하는 자에게는 볼기 30대를 친다.
4. 동료에게 나쁜 짓을 한 자에게는 볼기 30대를 친다.
5. 술주정하면서 난동을 부리는 자에게는 볼기 20대를 친다.
6. 불의를 저지른 자에게는 볼기 30대를 친다.
7. 언어가 공손하지 못한 자에게는 볼기 30대를 친다.
8. 젊은 사람으로서 어른을 능멸한 자에게는 볼기 25대를 친다.
9. 질병에 걸린 동료를 돌보지 않는 자에게는 볼기 25대를 치고 벌금

3전을 물린다.

10. 노름 등 잡기를 한 자에게는 볼기 30대를 치고 벌금 1냥을 물린다.
11. 문상(問喪)하지 않는 자에게는 볼기 15대를 치고 벌금 5전을 물린다.
12. 계 모임에 참석하지 않는 자에게는 볼기 10대를 치고 벌금 1냥을 물린다.
13. 부고(訃告)를 받고도 가 보지 않는 자에게는 볼기 10대를 치고 벌금으로 부조로 낼 돈의 배를 물린다.
14. 모임에서 빈정대며 웃거나 잡담하는 자에게는 볼기 15대를 친다.

이 벌목의 내용을 보면 주로 조직원 간의 단결과 타인에 대한 예의와 배려, 그리고 시장의 질서 등을 강조하고 있는 바, 이는 이들 스스로가 정부로부터 인정받기 위한 노력의 표현이라고 할 수 있다.

각기 별개의 조직으로 성장해 온 부상 조직과 보상 조직이 하나로 묶이는 계기를 마련한 것은 대원군 집정하의 조선 정부다. 즉 1866년에 정부에서는 각 군현에 상단(商團) 조직으로 보부청(褓負廳)을 설치하였다. 그러나 실질적인 조직 활동에 있어서는 여전히 두 집단이 별개로 움직였다. 1883년 8월 19일에는 중앙에 혜상공국(惠商公局)을 설치하고 보상청과 부상청 두 조직을 합하였다. 2년간의 혜상공국 시절을 거친 후 1885년 8월 10일부터 약 10년간 유지된 보부상 전국 조직이 상리국(商理局)이다. 상리국은 1895년 3월 4일에 폐지되었다. 보부상단은 2년 후인 1897년에 황국중앙총상회(皇國中央總商會)에 소속되었다가 7월에 황국협회(皇國協會)를 만들어 독립협회 회원들을 무력으로 공격하여 해산시키는 역할을 하였다. 1899년부터 상무사(商務社)로 바뀌면

예덕상무사 인장 및 인궤
문서 발행 때나 계약 때 사용한다.

저산팔읍 중 부여상무사 인궤 및 인장 황인철, 김인철 소장

보부상 신표 숭실대학교 한국기독교박물관 소장
보부상은 1897년 이후 황국협회 소속으로 '황실 보호'라고 쓴 이 신표를 차고 다녔다.

서도 부상과 보상은 별도의 조직을 가져 부상을 좌사(左社)로 보상을 우사(右社)로 불렀다. 이 당시 조직과 임원 명칭은 이후 일제 강점기를 거치면서 계속 이어져 왔다. 이로 인해 상무사는 보부상단을 대표하는 조직명이 되었다.

정치적인 변화에 따라 부침과 변신을 거듭한 중앙 조직과는 달리 지방에서는 임방 시절부터 뿌리를 내린 조직이 그대로 유지되다가 일제 강점기를 거치면서 대부분 소멸되었다. 그러나 그중 충청도 지역에서 홍주를 중심으로 청양 · 오천 · 보령 · 광천 · 대흥 등 6개 군으로 조직된 원홍주육군상무사(元洪州六郡商務社)와 예산과 덕산을 중심으로 당진 지역까지 포괄하는 예덕상무사(禮德商務社), 그리고 한산과 부여를 중심으로 정산 · 홍산 · 임천 · 서천 · 비인 · 남포 등 저산 8개 읍으로 조직된 저산팔구상무사(苧産八區商務社) 등이 남아 있고, 경상도 지역에서 고령과 창녕 등에서 조직을 유지하고 있다.

보부상단에서는 관으로부터 시장 세금 징수에 대한 특권을 받았고, 성원들에게는 신표(信標) 또는 빙표(憑標) 등을 발급하고 대가로 한 장에 3냥을 받았다. 총회 때의 연회비와 제사와 축제 때 드는 경비는 각 시장에서 임시로 조달하였으며 자체 규율을 위반한 자에게 벌금을 징수하였는데, 이러한 것들이 상단을 운영하는 재원(財源)이 되었다.

보부상들은 '사발통문'이라는 독특한 연락 방식을 갖고 있었다. 즉 보부상단에 어떤 급한 일이 발생하면 착임방에서 도방을 지휘하여 각 도방이 도임방으로, 도임방은 군임방으로, 그리고 군임방은 각 소속 보부상에게 사항을 통지하는데 이때 평상시와는 달리 사발통문의 방식을 쓴다. 이것은 사발 주위에 먹을 칠해 백지 한 장 복판에다 찍어 동그란 원을 그리고 누가 주동자인지 모르게 그 둘레에 통보하는 사람의 이름을 돌려가며 쓴 것이다. 사발통문을 한번 놓으려면 많은 비용이 드는데 발송하는 주체측이 이를 부담한다. 보부상들이

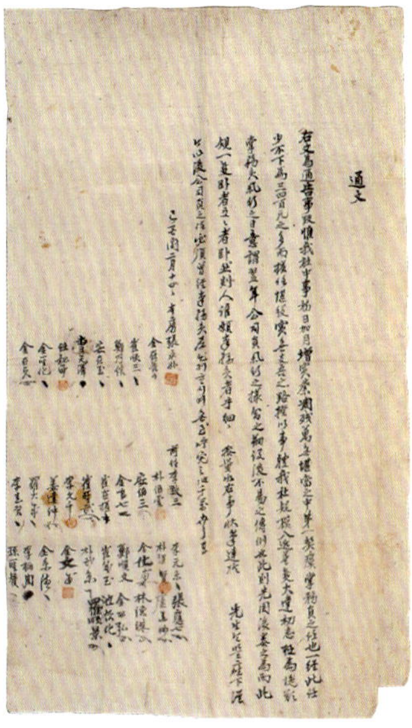
通文

보부상 통문 1898년
공사원이 다음 해에 반드시 장무원의 임무를 맡도록 결정하고 이를 통보한 문서이다.

유척 고려대학교박물관 소장
앞면에는 주척 한 자, 뒷면에는 영초척 반 자를 그렸다.

예도가 장부와 엿장수 유품
현재 대전시 중구 문창동에 있던 엿도가에서는 충청도 일대를 순회하는 엿장수들에게 엿과 더불어 목판, 가위 등 도구를 제공하였다.

사발통문을 놓는 경우는 다음과 같다.

1. 전쟁 또는 부역 등 국가에 일이 있거나 위급하여 보부상의 동원이 필요한 경우.
2. 산송(山訟) 등 소송 사건으로 크게 시비가 붙은 경우.
3. 보부상이 (행상 도중) 아내를 잃어 행방을 모르거나 상처를 했을 때.
4. 보상과 부상 간에, 또는 보부상과 관원이나 일반인 간에 시비가 났을 때.

보부상의 휴대품으로는 물미장 또는 촉작대라고 하는 지팡이 외에 골패(骨牌)와 체장[帖張] 또는 신표(信標) 등이 있었고 특히 보상의 경우에는 유척(鍮尺), 즉 놋으로 만든 자를 가지고 다녔다. 체장은 첩지(帖紙)라고도 하는데 어느 지역 소속의 보부상단인지, 직책은 무엇인지 등을 확인해 주는 임명장과 같은 것이다.

보부상단 임원 중에는 지방 관아의 아전 출신들이 간혹 포함되어 있다. 고령상무사의 경우 좌사계 반수 중에 1895년부터 1901년까지 반수를 역임했던 이두육(李斗堉)이 그러한 예다. 아전 출신 보부상이 출현한 것은 대부분이 1894년 갑오경장 이후의 일인데, 이 개혁으로 인해 현직에서 물러난 아전들이 바로 이들로 왜 보부상단에 들어갔는지 그 동기와 이후의 활동에서 그들이 보여준 태도나 역할 등은 아직 잘 모르는 상태다.

Ⅳ

장터 속의 우리 문화

1. 교류와 연망
2. 공연과 오락
3. 의례와 신앙

시골장 풍경 황헌만 사진

1 교류와 연망

장은 해가 뜰 때 시작되어 해가 질 때 끝난다. 그러므로 계절로 따지면 겨울보다 여름이 개장 시간이 길다. 또 대목장일 때가 그렇지 않을 때보다 길다. 대목장은 출시인(出市人), 즉 장을 보러 온 사람들이 가장 많을 때로서 일 년 중 추석 전장(前場)과 설날 전장을 꼽는다.

농한기가 되면 평소보다 장이 활기를 띤다. 농민들은 꼭 사거나 팔 물건이 없더라도 구경 삼아 시장에 나와 본다. 장에 나가면 못 보던 새로운 물건을 발견하거나 자주 못 만나는 친지나 친척을 만나 소식을 주고받을 수 있다는 기대감 때문이다.

시장이라는 공간에서 벌어지는 풍속사적으로 중요한 일 중의 하나는 혼담(婚談)이다. 중국 농촌의 시장 체계를 분석하여 지역 연구의 기초를 세웠던 스키너(G. W. Skinner)는 통혼권이 시장권의 영향을 받거나 또는 관련을 맺으면서 형성된다고 지적한 바 있다. 즉 혼인을 통한 농민의 인척 유대(姻戚紐帶)는 시장 공동체를 통해 퍼져감으로써 또 다른 연결망(network)을 형성한다는 것이다. 이것은 굳이 구체적인 자료가 제시되지 않더라도 충분히 예측할 수 있는 현상이다. 혼인은 무턱대고 성사되는 것이 아니라 무언가 인연이나 계기가 마련되어야 하는 것인데 장날의 장터 말고는 농민들이 자기 마을에서 벗어나 폭넓게 혼인 상대자를 물색할 수 있는 장소와 기회가 별로 없었기 때문이다.

시장이 혼담의 발단이 된 경우는 얼마든지 찾아 볼 수 있고 그것이 성사될 확률 또한 낮지 않은 편이다. 이러한 경우에 중매자들, 즉 혼담을 주고받는 사람들은 양가의 어느 한쪽과 친척 관계에 있으며 중매자들끼리는 대체로 먼 친척 관계에 있다. 다른 마을에 살지만 같은 시장을 이용하고 있다는 점이 서로 만나 혼담을 나눌 수 있는 계기를 마련하였다고 보는 것이다.

이와 같이 시장은 상호 연결의 장소를 제공해 준다는 점과 특히 교통이 불편했던 과거에는 시장이 만남의 장소로서 더욱 중요한 기능을 하였음을 상기한다면 현재보다 과거에 통혼권과 시장권이 더 밀접했을 것으로 짐작할 수 있다.

시장은 직접적이든 간접적이든 일정 지역의 사회 성원들이 만나는 장소다. 신분제 사회였던 조선 시대는 처음에는 양천(良賤)의 구별만 있다가 후기로 갈수록 반상(班常)으로 나뉘었다. 이중 상민은 그 하는 일에 따라 농공상(農工商)으로 나누어 상인을 가장 천하게 여겼다고 하는데, 실제에 있어서는 농사를 직접 짓는 양반이 많이 생겨났듯이 돈을 번 상인이 관직을 사서 양반이 되는 등 그 구분이나 관념이 엄격히 적용되거나 유지된 것은 아니었다.

그러나 대부분의 양반들은 시장에 직접 관여하지 않았을 뿐 아니라 시장에 출입하지 않는 것을 원칙으로 여겼다. 이 점은 이웃 중국이나 일본과는 다른 우리 사회의 특징이다. 중국의 향신(鄕紳)들, 즉 지방 양반들이 모이는 장소는 시장과 연관되어 있다. 일본의 사무라이 계급은 에도 막부 이후에는 도시에서 상업에 종사하면서 살아왔다. 중국의 향교 제사나 일본의 신사(神社) 제사 때는 행사에 맞춰 시장이 열리지만 우리

단오장 혁필 황헌만 사진
넙적한 붓으로 문자, 꽃, 동물 등을 형형색색 물감을 써서 순식간에 그려 낸다.

의 경우는 그러한 일이 없었던 것은 물론 양반들의 교류 장소이기도 한 향교 자체가 시장과 멀리 떨어져 있었다.

양반들에게 시장은 시끄럽고 무질서한 공간이지만 상민들은 오히려 이를 통해 자연스럽게 해방감을 맛볼 수 있다. 시장은 소음이 갖는 상징성을 마음껏 기능하게 하는 무대다. 시장은 그래서 조직이 없는 농민들에게 자연스러운 집회처가 된다. 각종 민란(民亂)의 불길이 이곳에서부터 번지기 시작한 배경에는 시장이 갖는 이러한 특성이 자리하고 있다.

대쾌도(부분도) 유숙, 서울대학교박물관 소장

2 공연과 오락

장이 새로 형성되거나 장소를 옮기게 되는 경우에는 이 사실을 주민들에게 알리기 위해 '난장'을 수일간 벌인다. 장에 대한 홍보는 장의 성쇠를 좌우하는 중요한 일이다. 난장판을 벌일 때는 한편에서는 장이 서고 다른 한편에서는 씨름, 줄다리기, 윷, 남사당패 놀이, 보부상 놀이 등 온갖 민속 행사들이 펼쳐진다. 과거에는 이만한 구경거리도 없었고 노름도 대체로 묵인되었으므로 부근의 주민들은 장도 보고 구경도 하기 위해 장터로 모여들었다.

송파장 같은 대시장은 장에 기반을 두고 있는 거상들이 있어 이들에게 추렴한 기부금으로 매년 대소 명절과 장날에 씨름판을 열고 광대 줄타기, 산대놀이 등을 벌였다. 시장이 탈춤의 연희 장소로서 알려진 곳은 송파장 외에도 야유(野遊)나 오광대(五廣大) 가면극이 행해지던 경상도 동래 중앙통의 시장터, 수영의 시장터, 고성 등이 있다.

남한강 주변 포구 시장에서는 산신과 용신에 대한 별신제가 행해졌다. 육로가 발달하기 전에는 수로(水路)가 운송로로서의 비중이 컸으므로 강변에 시장이 형성된 경우가 많았다. 사람들이 많이 모이는 갯벌 장터에서 이러한 별신제가 열렸던 것은 당연하고 자연스런 일이다. 남한강이 중원벌을 가로질러 올라가면 목계에 이르는데 이곳 목계장의 별신

송파산대놀이 中 넷째 마당 북놀이

제가 이러한 경우에 해당한다.

목계장은 소금배가 닿을 때마다 임시로 서는 장이다. 소금배는 대개 한 달에 세 번 왔으며 한번 장이 서면 여러 날 지속되었다. 이때마다 음성, 괴산, 청안, 연풍, 제천, 단양 등 충청도 지역과 경상도 북부 및 강원도 남부의 여러 읍에서 장꾼들이 몰려왔다. 장삿배에서 내려진 소금이나 해산물은 반드시 중개 상인 도가(都家)를 통해서 팔려나가도록 통제되었으며 시장 말감고는 곡식바리를 감독했다.

목계 별신제는 뱃길이 무사하고 장사도 잘되게 해달라는 기원을 담아 매년 봄과 가을에 행해졌다. 제사는 부용 산신과 남한강 용신을 모셔 오는 강신(降神)굿으로부터 시작하여 줄다리기, 송신(送神)굿으로 이어진다. 줄다리기는 강을 경계로 동서 양편으로 나누어 줄을 당기는데 동편은 수줄이고 서편은 암줄이 된다. 비록 과장이겠지만 줄꾼이 동쪽으로는 강원도 강릉에서까지, 서쪽으로는 서울에서까지 동원되었다고 할 정도로 규모가 큰 것이었다. 또 아이를 낳지 못하는 여자가 몸줄에서 갈라진 '끼줄'을 당기면 아이를 낳을 수 있다는 신앙도 있었다.

줄다리기가 끝나면 송신굿으로 행사를 마무리하는데 이긴 편은 그해 운수가 좋을 것이라고 하여 잔치를 벌였다. 줄다리기에 사용된 줄은 남한강 양편에 걸어 놓아 여름 장마의 액막이로 떠내려가게 하는데, 암줄과 수줄이 똑같이 떠내려가야 좋다는 신앙이 있다. 이 행사는 1967년을 마지막으로 사라졌다.

백중놀이는 원래 백종일(百種日)이라고 하여 불교와 관련된 행사였는데 논농사가 중요해진 이후 농사꾼들이 중심이 된 마을 단위 세시 풍속으로 정착되었다. 그런데 이것도 시장이 번성하면서부터는 무대를 장터로 옮긴 곳들이 많다. 과거 수원부 압정면의 조암장에는 7월 백중이면

단오장 굿판 황헌만 사진

이 일대의 농사꾼들이 몰려와 씨름 대회를 열었다. 이것 또한 장의 번영을 목적으로 시장 상인들이 추렴을 하여 각종 행사를 마련한 것이다. 이날은 낮부터 밤늦게까지 행사가 이어진다. 4월 초파일에는 불놀이를 했으며, 남사당패를 불러 풍물, 무등, 줄타기 등을 하였다.

경기도 양평의 곡수장은 일제 강점기까지도 매우 큰 장이었다. 곡수장이 서는 곡수리는 비록 시골 마을이지만 시장 덕에 200호가 넘는 대촌이었다. 곡수장 상인들은 백중 때 서커스단도 부르고 멀리 진주에서 씨름단도 불렀다. 백중 씨름은 어린이 대회로 시작하는데 상품은 학용품이었다. 다음은 촌사람들이 겨루는 대회로 상품은 삼베 등이다. 마지막이 프로급에 해당하는 전문 씨름꾼들의 대회로 상품은 송아지 한 마리다. 충청북도 괴산장의 백중놀이 역시 전국적으로 유명한데, 주로 강변 시장이 형성되는 갯벌이나 백사장에서 열렸다. 남사당패의 마당굿이나 난전이 벌어지면 인근의 주민들까지 몰려 밤새 흥청대었다.

시골장에서는 간혹 나무꾼들의 장치기 놀이가 벌어지기도 한다. 나무장작이나 솔가지들을 지게에 싣고 시장에 나온 나무꾼들이 무료해지면 장치기 놀이를 하는데 편을 갈라 지게를 골문 삼아 지게 작대기로 공을 쳐서 넣는 놀이다.

3 의례와 신앙

가뭄이 들면 시장을 옮겨 대처한다는 사시(徙市) 풍속은 매우 오래된 전통이다. 『삼국사기』에 신라 진평왕 50년, 즉 628년에 큰 가뭄이 들어 시장을 옮기고 용을 그려 비를 기원했다는 기사가 있다. 고려나 조선에서도 가뭄이 심하게 들면 시장을 옮겼다는 기록이 자주 나온다. 『세종실록』에는 예조에서 무당과 중을 불러 비를 빌고 시장을 옮기며 다섯 방위의 토룡(土龍)에게 제사를 지내야 한다고 임금에게 보고하였다. 토룡이란 지렁이로 비를 내리게 하는 힘이 있다고 믿었던 것 같다.

가뭄을 해결하는 것과 시장을 옮기는 것 간에 어떠한 상관관계가 있다고 믿은 것일까? 그 내막을 정확히 알 길은 없지만 대략 몇 가지 추측이 가능하다. 우선 시장은 사람이 많이 모이는 곳이므로 시장터의 이전은 가뭄의 심각성을 알리는 데 극적인 효과를 낼 것이라는 점이다. 또 다른 하나는 대체로 이동 장소가 강가 등 평소에는 물에 잠겨 있던 곳이라는 점이다. 이것 역시 가뭄의 심각성을 일깨우는 방법이 된다. 시장의 특징인 소란함도 이러한 해석에 동원된다. 시장에서 들리는 소음은 비를 내리게 하는 신을 깨울 수 있다는 연상법이 작용했을지도 모른다. 기본적으로는 시장을 이동한다는 그 자체가 갖는 상징성이 이러한 풍습이 형성되고 유지되어 오게 한 주요 동기인 것 같다.

홍도원 전경
충남 보령군 청소면 진죽리의 홍도원에는 보부상들의 무덤과 제답(祭畓) 및 합동위령비가 있다.

보부상들의 공식적인 의례 행사에는 한식날 제사와 공문제(公文祭) 축제가 있다. 이들은 장을 처음 열 때도 공문제 축제와 같은 형식의 놀이를 담은 '난장'을 벌였는데, 그 이유는 이를 통해 많은 사람을 모을 수 있고 따라서 시장을 활성화할 수 있는 방법이 되었기 때문이다.

충청남도 홍성을 중심으로 하는 보부상 조직인 원홍주육군상무사는 보령군 청소면 진죽리에 홍도원이라는 공동 묘소를 소유하고 있다. 홍도원에는 단제비(壇祭碑) 등 5기의 비석이 있는데, 모두 보부상들의 제사 대상이다. 이중 단제비는 보부상들이 한식 제사를 지낼 때 제일 먼저 지내는 비로 보부상 중에 분묘가 실전된 지사(志士)를 모시는 단이라고 한다. 이들의 한식 의례는 한식 전날에는 상무사 초대 접장인 임인손(林

仁孫) 묘에서 제사를 지내고 당일에는 단제비(壇祭碑)를 시작으로 허반수 등 6기의 묘소를 들른 다음 합동위령비로 간다. 홍도원의 공동 묘소는 별다른 연고 없이 떠돌아다니던 보부상들에게는 사후 안식처이자 이들을 하나로 묶는 매개체가 되었다.

보부상들의 고유 제사인 공문제는 '영감영접행진놀이'와 '광대놀이' 등으로 축제 분위기를 띄운 후에 행사로 들어간다. 이때 구성되는 보부상 행렬을 보면, 행렬 맨 앞에는 봉매기(奉枚旗)와 푸른 실로 몸체를 삼고 위와 아래에 붉은 등을 달아맨 청사등롱(靑紗燈籠) 수십 개가 나가고, 긴 저고리와 통바지를 입은 팔십여 명의 장정이 목화송이를 달아맨

보부상 봉도기 중요민속자료 제30-3호
봉도기는 보부상들이 동료의 장례 행렬의 선두에서 들고 간다.

패랭이를 쓰고 용을 그린 물미장을 짚고 나가면, 각설이, 걸궁패, 들병이, 유무(遊巫) 등 잡색패, 호인(胡人)들이 그 뒤를 따른다.

이러한 광경은 이들의 조직이 살아 움직이던 조선 시대의 모습을 기억을 통해 재구성한 것이다. 고령상무사 좌사의 공문제는 매년 음력 3월 3일에 거행하는데 원래는 매년 정월 20일에 열렸다고 한다. 공문제가 열리는 날 각지에 흩어져 있던 보부상들은 처소별로 임방기를 앞세우고 풍악을 울리면서 축제 장소로 몰려들었다, 최근에 제작한 상무사기는 이때 등롱과 함께 들고 다니던 것이다, 현재 붉은 천으로 만든 두 개의 기가 있는데 각각 '고령상무사', '구제구휼 병인년 고령상무좌사'라고 썼다. 병인년은 좌사계가 결성된 1866년이다.

보부상들이 짚고 다니는 물미장의 용 조각 유래는 태조 이성계와 관련되어 있는데 보부상이 조직화되고 정부의 일에 동원되면서 이와 같이 국가 권력과 연관을 맺으며 그들 존재의 정통성을 확보하려는 전설들이 형성된 것 같다.

태조대왕 등극후에 우리생명 건져냈소 (후렴 : 게화게화 게화자 좋소)
영위대감 만수영감 듣잡시오 (후렴)
시제영감 요중영감 모시고 들어갑시다 (후렴)
오늘이 며칠이냐 삼월 열하룻 날입니다 (후렴)
우리가 살면 몇백 년 사나요 (후렴)
죽음으로 보은충성합시다 (후렴)
산천초목은 젊어나가지만 (후렴)
우리네 인생은 왜 이리 늙어만 가나요 (후렴)

이것은 부여, 서천 등지에서 전승되어 온 보부상 노래다. 조선을 건국한 태조를 자신들 역사에 넣고 국가에 대한 충성을 다짐하는 등 분열되기 쉬운 조직을 굳건히 하려는 보부상들의 염원을 노래 가사에 실었다.

서울의 시전 상인들에게도 축제를 겸한 의례에 대한 욕구는 매한가지다. 시전의 중요한 제사로는 재신제(財神祭), 시전진수제(市廛鎭守祭), 산신제(山神祭) 등을 들 수 있다. 재신제는 10월에 종로 보신각 옆 중묘(中

서울 동묘
원래 명칭은 동관왕묘로 관우를 제사하는 사당이 있다.

관우 신전
황색 제왕복을 입은 관우 소상이다.

廟)나 남대문 밖 남묘(南廟)에서 지냈으며, 시전진수제는 중묘(中廟) 옆의 소묘(小廟)에서 올렸다. 중묘나 남묘 모두 중국의 관우(關羽) 신을 모신 사당인데, 상인들이 그를 모신 이유는 관우가 재신(財神)이었기 때문이다.

이들에게는 예로부터 지면례(知面禮)라는 풍습이 있었는데, 조직에 새로 가입하는 자는 선배의 호출을 받아 얼굴에 먹칠을 당하고 관(冠)이 새끼줄로 묶이는 등의 혹독한 신참례(新參禮)를 받았던 것이다. 이 신참자를 판신래인(判新來人)이라 한다. 조직원으로서의 권리는 부자간으로 상속되었으므로 이러한 행사는 그리 흔치 않았다. 나이 50세가 넘은 사람은 가입비를 아무리 많이 내도 조합원으로 받지 않았고, 24세 미만인 경우는 도중의 총회에서 만장일치로 가결되지 않으면 들어올 수 없었다.

상인들이 중묘에서 재신제를 지내온 풍속이 언제까지 지켜져 내려왔는지 알 수 없지만 그 일대가 재복(財福)을 비는 일반 시민들에게도 관심의 대상이 되어 왔던 것 같다. 그래서 다음과 같은 정월의 풍속도가 생겨난 것일지도 모른다.

정월 대보름 전날 종로 네거리에는 허리춤에 네 개의 자루를 찬 사람들이 모여든다. 이들은 동서남북으로 뻗은 길목마다 돌아다니며 흙을 한 삽씩 퍼서 자루에 담는다. 그리고는 제각기 집으로 돌아와 가지고 온 흙을 동서남북으로 뿌리면서 주문을 왼다. 동쪽을 향해서는 "금 나와라, 금 나와라", 서쪽에다는 "은 나와라, 은 나와라", 남쪽에다는 "구리 나와라, 구리 나와라", 북쪽에다는 "쇠 나와라, 쇠 나와라", 재력가들이 한번쯤은 지나갔을 종로 네거리 흙은 그들의 흔적이 묻어 있기 때문에 그것을 옮겨 옴으로써 재운도 따라오기를 기원하는 상징적인 행위였던 것 같다.

V

시장의 종류

1. 유명 시장과 특수 시장

2. 장터 현장

남대문 곡물 시장 1930년대

1 유명 시장과 특수 시장

임진왜란 후에 서울에서는 '동부채 칠패어(東部菜 七牌魚)'라는 말이 생겼는데, 낙산 및 연건동 일대에는 채소가 많았고 봉래동 부근의 칠패에는 생선이 많았다는 뜻이다. 즉 이때가 되면 시전 상인 외에 정부로부터 허가받지 않은 난전 상인들이 서울 장안에 본격적으로 출현한다. 이러한 난전을 금하는 시전 상인들의 권한인 난전권(亂廛權)이 강화된 것도 이 때문이었다. 이현과 칠패에서 상거래를 했던 이들은 18세기경 이후에 나타났던 사상 도고(私商都賈)들이다.

육주비전이 중심이 된 시전 체제는 일제 강점기에 들어와 무너지면서 대신 그 자리에 개인 상회가 들어섰는데, 백상회, 구정 상회, 김윤면 상회, 손종수 포목점, 박승직 포목점 등이 유명하였다.

지금의 남대문 시장은 남문안장, 또는 신창(新倉)안이라 불렀는데 부근에 미창(米倉)이 있었기 때문이다. 동대문 시장은 배오개장이라 하였다. 일제가 1914년에 부령(府令), 즉 경성부 법령으로 시장 규칙을 제정하고 각종 시장의 상권을 독차지하였는데 예외로 이 두 장만은 한국인의 것으로 남겨 두었다. 당시 새 규정에 의한 배오개 시장의 등록자는 광장(廣藏) 주식회사였으므로 이를 광장 시장이라고도 불렀다.

'동부채 칠패어' 란 말은 이때도 이어져 동대문 시장에는 과일과 양초,

성냥, 유과 등의 잡화가 많았고 남대문 시장엔 생선, 건어 등 수산물이 많았다. 해방 후에는 남대문 시장 뒤편에 '자유 시장'이라는 미군 물자와 구호 물자를 파는 곳이 새로 생겼다.

송파와 삼전도는 동북 지방, 즉 강원도 등지의 산물들과 삼남 지방의 산물들이 서울로 들어오는 길목이다. 송파진을 거점으로 형성된 송파장은 서울 외곽에서 가장 번창한 난전을 이루었다. 원래의 위치는 송파진 강 언덕이다. 이곳은 뱃길로는 강원도에까지 닿았고, 육로로는 전국을 도는 마행 상인들이 집결하는 곳이었다. 갖가지 농축산물이 집결하여 서울로 들어오는 길목이었으므로 모이는 상인들도 가지각색이었다. 장날이면 마행 상인들과 뱃사람들이 들끓어 270여 호의 객주집이 성업을 이루었다. 송파장은 5일장이므로 본래 장날은 하루지만 그 전날과 다음날 물건을 실어 나르고 내가는 화물과 상인들로 붐볐으므로 거의 상설화하다시피 한 장이었다.

을축년 대홍수기념비

1900년을 전후로 경인선 및 경부선 철도가 부설되는 등 운송 수단의 발달과 교통로의 변화로 송파장의 경기는 후퇴하기 시작하였다. 일제 강점기에 들어와서는 서울 장안 곳곳에 상점이 들어서면서 상권이 분산되어 갔다. 또 상권이 약화되자 행상인들은 직접 물건을 들고 경성 시내를 돌아다님으로써 송파장의 쇠퇴는 더욱 가속화된 셈이다. 결국 1925년의 을축년 대홍수로 송파진이 물에 잠기는 사건이 일어나자 송파의 옛 모습은 자취를 감추게 되었다. 지금 서울 송파동에 있는 '대홍수기념비'에 적힌 "증수 사십팔척 유실 이백칠십삼호(增水四十八尺 流失 二百七十三戶)"라는 글귀는 당시의 상황을 짐작케 한다.

개성에도 시전이 발달하여 서울의 육주비전과 같은 사대전(四大廛)이 있었다. 개성상인들은 국내 상권뿐만 아니라 의주와 동래를 잇는 국제무역을 장악하였다. 비록 5일장이지만 서울과 같이 평일에도 문을 열어 매매를 하였으며 장날은 노점의 수가 더 늘어난다는 차이밖에 없었다.

전주는 17세기 말에 이미 시전이 발달하였다. 한말에는 중요한 점포가 서울의 종로와 같이 남문 밖에서부터 서부까지 걸쳐 평일에도 개점하여 팔도 상인이 다 모였다고 한다. 그 밖에도 평양, 강경, 함흥, 그리고 군사 도시로 발전한 통영 등에서도 개항 전에 상설 점포라고 할 수 있는 시전이 설치되어 있었다. 함경도 북청읍에는 정기 시장 외에 서문 밖 양측으로 2백여 상점이 늘어섰다고 하며, 안성이나 진주, 제주읍 등지에도 장날 이외에도 물건을 파는 상점이 있어 소규모로나마 매매가 이루어졌다고 한다.

『만기요람』의 「재용편」은 각 도마다의 대표적인 향시(鄕市)를 다음과 같이 들고 있다.

경기도: 광주 사평장(沙平場), 송파장(松坡場), 안성 읍내장, 교하 공릉장
충청도: 은진 강경장, 직산 덕평장
전라도: 전주 읍내장, 남원 읍내장

조선 후기 개성 시전 거리 강세황의 『송도기행첩』 중에서, 국립중앙박물관 소장

강원도: 평창 대화장(大化場)
황해도: 토산 비천장(飛川場), 황주 읍내장, 봉산 은파장
경상도: 창원 마산포장
평안도: 박천 진두장(津頭場)

평양은 일찍부터 정치 · 경제적으로 서북 지방의 중심지였다. 평양의 상인들은 국내 상권만 장악한 것이 아니라 대청 무역에 종사하면서 중국 연경에까지 진출하여 활동하였다. 그 결과 18세기경 평양에는 각종 상점들이 즐비했고 여러 지방에서 몰려든 상품들이 광범위하게 유통되었다.

진두장은 평안도에서 유통되는 각종 물자들의 집산지이다. 진두는 서북 지방의 약재 집산지로도 유명하다. 이곳에서 활약한 상인들은 송상(松商), 즉 개성상인들이었다. 이들은 전국 각지에 송방(松房)이라고 부르는 점포를 차려 놓고 있었는데, 18~19세기에 이르러 전국 각지의 상업 중심지에서 제일 큰 세력을 형성하게 된다. 이 당시 개성은 단순한 상업 도시가 아니라 놋그릇, 초립, 작은 가구 등을 만드는 수공업 도시로서의 면모도 갖추고 있었다.

황해도 봉산의 은파장은 18세기 중엽에 목화의 교역으로 크게 번창하였다. 목화가 나는 철이 되면 황해도, 평안도, 함경도, 경기도, 강원도 등지의 상인들이 이곳에 모여들어 이들과 미리 장에 자리 잡고 있던 수십 호의 목화 객주 및 거간꾼들의 중개를 통해 매매가 이루어졌다. 또 이 장에서는 충청도 · 경상도에서 생산된 흰 모시와 길주 · 명천 등지에서 생산된 가는 삼베, 청나라에서 들여온 비단, 그리고 각지의 생선, 소금, 동, 철, 가죽 제품, 대, 과일 등이 교역되었다.

강경장은 육로로 공주와 전주까지, 그리고 뱃길로 금강을 따라 군산,

강경 장시

논산, 이리까지 연결되었다. 거기에다 기름진 금강 평야를 끼고 있어 수산물은 물론 농산물과 축산물의 교역장으로도 이름을 날렸다. 고기잡이 철에는 특히 수산물로 성황을 이루었다. 17세기까지만 해도 작은 포구에 지나지 않았던 강경은 18세기에 들어와 금강을 중심으로 하는 상업도시로 성장하기 시작한 것이다.

이중환(李重煥)은 그가 1750년경에 쓴 『택리지』에 강경을 다음과 같이 소개하였다. "은진과 강경은 하나의 촌으로 충청도와 전라도의 육지와 바다 사이에 위치하여 금강 남쪽 들판에 하나의 도회지를 이루고 있다. 바닷가 사람이나 산골 사람이나 모두 여기에서 물건을 교역한다. 해마다 봄과 여름이면 고기를 잡고 해초를 뜯는데, 비린내가 마을에 넘치고 큰 배와 작은 배가 밤낮으로 두 갈래진 항구에 담처럼 벌여 있다. 한 달에 여섯 번씩 열리는 큰 장에는 먼 지역, 가까운 지역의 화물이 모여 쌓인다."

함경도 덕원의 원산장도 이중환의 『택리지』에 나와 있다. "덕원 경계 바닷가에 원산이라는 촌이 있다. 이곳에 어민들이 모여 살면서 고기를 잡고 해초를 캔다. 바닷길로 동북쪽으로 육진(六鎭)과 통하기 때문에 육진과 연해 모든 읍의 상선들이 주로 이곳에서 정박한다. 모든 생선과 소금, 해초, 세포(細布), 인삼, 널재목 등이 이곳에서 거래되므로 강원, 황해, 평안, 경기 등의 여러 장사치들이 모여들며 물자가 쌓여 있어 큰 도회지가 된다. 주민들은 중개인을 하여 돈을 번 자들이 많다. 조정에서는 이곳에 창고를 지어 경상도의 양곡을 바다로 운반하여 창고에 쌓아 두었다가 북도에 흉년이 들면 때를 맞추어 배로 날라 백성을 구휼하는 자본으로 삼는다."

특수 시장 또는 전문 시장의 출현은 지역의 특산물과 관련하여 발생한 일종의 시장 전문화 현상이다. 일반 시장에서 주로 매매되었던 물품은 농산물, 수산물, 축산물, 철물, 각종 천, 의복, 갓, 가죽 제품, 문방구류, 각종 그릇류 등 생활 필수품이었다. 그러나 특산지나 화물 집산지를 배경으로 하는 경우 또는 거래 품목의 특수성 때문에 취급 품목이 한정될 수밖에 없는데, 이 경우에 전문 시장이 형성된다. 일제 강점기의 곡물 시장과 같이 시장의 전문화가 정책에 의해 인위적으로 형성되는 경우도 있었다.

우시장은 흔히 '쇠장'이라고 부른다. 1918년 말 조사에 의하면 당시

겨울의 우시장 황현만 사진

전국의 우시장 수는 모두 655개로 이중 경상북도에 91개, 강원도에 67개, 황해도에 63개, 전라남도에 58개, 충청남도에 52개, 경상남도와 평안남도에 각각 50개, 경기도가 47개가 분포되어 있었다. 당시 우시장으로 유명했던 곳은 함경북도 명천군의 명천장과 길주군의 길주장이 있었고, 경기도 수원장, 양주 평구장, 용인 백암장이 거래량이 큰 우시장이었다.

수원 우시장은 전국적으로 이름난 곳이었다. 장날이면 각지에서 소장수와 농민들이 몰려들어 언제나 성시를 이루었다. 우시장은 일반 시장과 함께 서는데 성안(城內) 시장은 10일 간격인 9일, 19일, 29일에, 성밖(城外) 시장은 4일, 14일, 24일에 열어 합치면 5일마다 장을 여는 셈이 된다.

약령시(藥令市)로 유명한 곳은 대구, 전주, 원주, 공주 등지이며 1년에 보통 2회로 10여 일씩 개장된다. 원래 약령시는 감영(監營)의 소재지로 집결하는 약재 중에서 좋은 것은 상납하고 그 나머지를 일반에게 판매하면서 발생한 것이다. 약령시 중에는 대구가 제일 유명하다. 진주, 청주, 충주에도 한말에 약령시가 개설되었으나 몇 해 운영하지 못하고 폐지되었다.

대구 약령시는 조선 효종 때 생겼는데 경상도 일대의 약재가 이곳으로 모였다. 1914년 이전까지 봄과 가을, 즉 음력 2월과 10월에 2회 열리다가 이후 가을 1회로 축소되었으며, 1920년경에는 매년 12월 1일에서 다음해 1월 말일까지 개장되었다. 시장이 열리는 것을 '초회(初會)' 라고 하며 끝나는 것을 '파령(破令)' 이라고 한다. 파령 이후는 대부분의 상인들이 집으로 돌아가거나 공주 약령시로 옮겨 가므로 한산해진다.

배가 닿는 포구에는 포구 시장이 있다. 전라도 영광의 법성포에는 지금도 영광 굴비를 전문적으로 파는 굴비 시장이 형성되어 있다. 포구 시장은 장날이 따로 있는 것은 아니고 배가 닿았다는 소식이 전해지면 장꾼들이 몰려와 형성된다. 유통 범위가 넓고 상인들 간의 도매 거래도 많이 이루어진다. 이중 영세한 포구 시장은 일제 강점기 이후 육상 운송 수단의 발달로 대부분 과거의 기능을 상실하거나 폐쇄되었다.

시탄 시장(柴炭市場), 즉 땔감 시장은 주로 도회지에서도 특히 사람의 왕래가 잦은 성문 부근 빈터를 마련하여 나무 장작을 파는 곳을 말한다. 겨울이 다가오면 월동 준비용으로 많은 땔감이 한꺼번에 거래되는 장이 따로 서며 대량 매매에 개입하는 시탄 여각(柴炭旅閣)도 등장한다. 인구가 많은 반면 쉽게 연료를 구할 수 없는 도시에는 상설화된 공설 시탄 시장이 있기 마련인데, 서울의 경우는 안국동, 돈의동, 광희문, 교북동

대구 약령시

등 여덟 군데에 시탄 시장이 설치되어 있었다.

우리나라는 겨울이 긴 편이어서 연료뿐만 아니라 찬거리도 겨울이 되기 전에 미리 마련해야 했다. 그래서 입동에 즈음하여 전국 각처에는 배추, 무 등을 비롯한 각종 김장거리를 파는 시장이 형성되었다.

노동력의 수급 기능을 담당하는 인력 시장, 또는 노동 시장의 형성은 산업화가 시작된 이후의 일이다. '물역 가게'란 일제 강점기 때 쓰였던 말로 물(物)은 자재를, 역(役)은 일꾼을 의미하므로 건축업자인 고용주와 노동자를 연결하는 노동 시장이란 뜻이다. 이들은 단골 관계를 형성하고 있어 고용주가 특정인을 요구하지 않는 한 이곳을 나온 일꾼들에게는 일자리가 골고루 배정된다. 일자리를 못 얻은 경우라도 바로 집으로 가지 않고 하루종일 가게에서 서로 어울리기 때문에 가게는 오히려 일이 없는 계절일수록 붐빈다. 1960년대 초에는 청계천 평화 시장과 동화 시장 뒷골목에 봉제공을 알선하는 인력 시장이 형성되었다. 현재 전국에서 규모가 가장 큰 인력 시장은 서울 근교인 경기도 성남시 복정동 네거리에 있는 성남 인력 시장이다.

2 장터 현장

담양 죽물 시장

전라남도 담양에서는 예로부터 죽물(竹物), 즉 대나무로 만든 물건이 많이 생산되었다. 그 전통이 아직도 이어져 이 지역을 상징할 정도로 담양의 죽물은 전국적으로 유명하다.

지금부터 400여 년 전에 전주(全州)에서 온 어떤 노파가 농한기를 이용하여 대나무 조각을 만지작거리다가 3년 만에 참빗[眞梳]을 만들어 냈다는 전설이 있는데, 이는 700여 종에 달하는 담양의 죽물 생산 전통이 언제부터 비롯되었는가에 대한 관심의 반영인 것이다.

조선 시대에는 지금과는 달리 담양 죽물 시장이 담양 읍장과 별도의 공간을 가지고 있었던 것 같지는 않다. 1830년대에 작성된 『임원경제지』를 보면 담양장에서 거래되는 품목 중에는 삿갓[竹笠], 대나무 그릇[竹器, 木籠], 부채[扇子], 채침(彩枕, 채색을 한 베개), 채상(彩箱, 채색을 한 상자) 등 죽물 외에도 쌀, 보리 등 곡식류, 베, 무명 등 옷감, 그리고 버들고리(柳笥, 버드나무 가지로 만든 상자) 등도 거래되었다. 그리고 그 당시는 담양 외에 같은 전라도 안에 있는 남원, 나주, 정읍에서도 죽물이 많이 생산되었는데, 이것들은 각기 해당 생산 지역에서 거래되었다. 오히려 죽제품 전반은 나주가 생산의 중심이었고, 연죽가공(煙竹加工)은 남원이 가장 활발하였고, 부채 생산은 전주가 유명하였다.

1916년에는 이곳에 진소계(眞梳契)라는 조직이 형성되었고, 이것이 발전하여 1959년에는 '담양죽산물협동조합'이라는 조합도 만들어졌다. 1980년대만 해도 담양 지역에서 죽물을 생산하는 가구가 전체 주민의 30%인 7,000여 호나 되었다. 이러한 배경을 가지고 죽물만을 전문으로 취급하는 특수 시장이 담양에 형성, 발전되어 온 것이다.

죽물 시장의 고유 명칭은 '삿갓점머리'다. 과거 삿갓을 쓰고 다니던 시절에 이곳이 특히 삿갓 유통의 중심지였기 때문에 이러한 이름이 붙었다고 한다. 죽물 시장이 자리한 곳은 영산강 상류 지역인 담양읍 만성리에서 객사리 쪽으로 난 제방 밑의 넓은 강바닥이다. 죽물은 대부분 부피가 커서 이와 같은 넉넉한 거래 공간을 필요로 한다. 또 비가 오더라도 땅바닥보다는 강바닥의 자갈밭이 죽물을 깨끗하게 관리하는 데 유리

채상장 중요무형문화재 제53호 서한규

하다. 시장이 크다 보니 다른 지역의 생산품도 이곳에서 거래가 될 정도로 유통의 중심지가 된 것이다.

담양의 죽물은 농촌 각 가정에서 수공업 방식으로 생산된 것이 5일 간격으로 끝수가 2일과 7일에 열리는 장날에 맞추어 장터에 나오게 된다. 새벽 5시쯤 장이 서기 시작하여 아침 8시쯤 절정에 이르고 한낮에 파장하는데, 주로 직접 생산자인 농민들이 공급자이고 각지에서 몰려온 중간 상인들이 수요자이다.

죽물 시장에서 거래되는 품목들의 변화는 우리나라의 산업화 과정을 잘 나타낸다. 과거 죽물의 주된 품목은 바구니, 삿갓, 참빗, 부챗살, 키, 발, 자리, 죽부인 등이라고 할 수 있었다. 그러나 이중에서 지금도 생활용품이 되고 있는 것들은 반도 안 된다. 일제 강점기에 삿갓은 하루 장날에 3만 장이나 팔린 적이 있으며 중국이나 일본에까지 팔릴 정도였다고 하나 지금은 구경도 할 수 없다. 참빗도 역시 거래량이 많아 참빗계까지 생겼을 정도였다고 하지만 지금은 생활 용품이 아닌 유물이 되었다. 그 대신 대나무로 만든 보석함(寶石函), 꽃바구니, 장난감, 의자, 베개 등이 상품화되어 1960년대에는 미국, 일본, 영국 등에까지 수출하였다. 그러나 이러한 호황도 오래 가지 못했다. 플라스틱 제품이 등장하고 값싼 중국산 죽제품이 수입되면서 가격 경쟁에서 뒤지게 되고 농촌 인구가 급격히 줄어들어 수요가 줄면서 이러한 현상이 나타난 것이다.

요즈음 담양 죽물 시장을 가보면 집에서 직접 만든 소쿠리, 키, 채반, 자동차 등받이 등을 들고 와서 소규모로 파는 아주머니나 할머니들, 중국산이나 베트남산 죽제품을 수입해 와서 놓고 파는 외지 상인들, 이들 물건을 도매 가격으로 구입하여 다른 곳에다 소매로 팔려는 중간 상인들로 구성되어 있다. 그러다 보니 장날마다 가격이 달리 책정되는 경향

담양 죽물 시장

이 있는 등 도매 시장으로 그 성격이 바뀌고 있다. 또 읍내 쪽으로는 상설 점포들이 들어서 있어 장날이 아니더라도 담양 죽물 시장의 옛 명성을 듣고 찾아온 소비자들을 맞이한다.

섬진강과 구례장

우리나라는 과거로 올라갈수록 강을 이용한 운송의 비중이 육지에서

의 그것보다 컸다. 육지 운송은 자동차, 기차 등의 새로운 운송 수단이 등장하고 그에 따른 도로, 철도 등의 제반 시설이 갖추어지기 전까지는 주로 말짐, 등짐, 봇짐 등의 수단에 의한 도보 운반 수준에 머물렀다. 도보 운반의 경우 우리나라는 산맥과 산을 넘어야 서로 연결되는 지역이 많아 대부분이 지름길이라고 할 수 있는 좁은 장길을 이용하였다. 그 결과 수레의 보급이 부진하여 육운이 수운에 비해 효율성에서 더욱 떨어질 수밖에 없었다.

지리산은 농업 생산의 중심지인 전라도와 경상도의 경계에 위치한다. 그 일대의 산물들이 전국 각지로 퍼져나갈 수 있었던 것은 지리산 자락인 전라북도 진안군 백운면 팔공산에서 발원한 섬진강 수로가 있었기 때문이다. 섬진강은 마령면 원신암 마을을 지나면서 충적지를 만들었고 임실군 운암면에 이르러 현재는 갈담 저수지를 이루고 있다. 섬진강은 순창군 적성면에서 오수천, 남원군 금지면 및 곡성읍 경계에서 요천, 그리고 곡성군 오곡면 압록에서 보성강, 황전천을 각각 만난 후 비로소 동쪽으로 굽이쳐 악양강이 되며 남해의 조수(潮水)와 통하게 된다. 강은 다시 지리산 남쪽을 따라 전라도와 경상도의 경계를 이루면서 남해로 들어간다.

『택리지』에 의하면 나라 안에서 가장 기름진 땅은 전라도에서는 남원(南原)과 구례(求禮)라고 하였는데, 그중에서도 구례는 섬진강을 통해 생선과 소금의 이익을 얻을 수 있는 곳이므로 사람 살기에 가장 좋은 곳이라고 하였다. 섬진강 하류인 하동에서 구례로 올라올 때까지의 나루는 10여 군데 되는데, 중요한 나루를 치자면 아래에서부터 신방촌, 신월, 섬진, 돌터미, 한골, 개치, 석바우, 검두, 화개나루 등이라고 한다. 이 나루들은 도강 지점이라는 기능 외에도 전라도와 경상도 지역에서 나는 산물들을 집산하는 중간 거점이 된다.

전라도 남서부에서는 목화(木花), 목면(木棉), 생사(生絲), 주류(紬類)가 생산되고, 전라도 동북부에서는 마포(麻布), 지류(紙類), 연초(煙草)가 생산되며, 내부 평야에서는 쌀이, 해안의 섬에서는 소금과 해산물이 생산된다. 이중 쌀은 주로 부산으로 가고 그 대신 명태와 청어 등 북쪽 해안 생선이 서울과 평안도 지역의 상인들에 의해 부산을 거쳐 이곳까지 보급된다. 하동 하구로부터 올라온 소금은 이 지역에 집산되었다가 육로로 운송되었다. 전라도 목면은 충청도와 경기도까지 올라간다. 전라도와 경상도 사이에는 큰 산맥이 가로 놓여 섬진강 하구까지 도달하기 힘든 전라도 생산물의 대부분은 충청도로 가는 것이다. 경상도와 전라도 두 지역의 관계를 보면 오래전부터 경상도의 진주, 산청, 함양과 전라도의 운봉, 남원, 임실, 전주가 지리적으로 연결되어 있고, 사천, 하동이 광양, 순천, 보성과 연결되어 있음을 알 수 있는데, 이것을 이해하기 위해서는 두 도를 가로막고 있는 지리산의 산길과 섬진강 뱃길을 잘 살펴야 한다.

촌로들의 구술에 따르면 해방 전만 해도 강에 약 50자 되는 돛단배가 하동 포구에서 시작하여 화개장까지 다녔다고 한다. 시간은 약 반나절이 걸렸다. 하동 포구에서 광양만까지 나가면 동력선이 대기하고 있어 이것에 의해 수집된 물자들이 여수나 삼천포, 충무, 부산까지 공급되었다. 배가 올라갈 때는 식염과 김, 명태, 대구 등의 해산물을 싣고, 내려올 때는 구례, 함양, 산청, 하동 등지의 산촌에서 생산되는 목물(목기류), 산죽(김발 만드는 재료) 등을 실었다. 한편 섬진강변으로는 육로도 형성되어 있었는데, 화정나루-봉소-안촌-원내-용두-구례로 이어지는 도로는 이전부터 수레가 다닐 수 있을 정도의 넓은 길이었다.

구례장은 일제 강점기까지는 구례읍 로터리 및 농협 부근에서 개장했다가 장소가 비좁아 해방 후 현 상설 시장 자리 및 중앙극장 부근으로, 1959년 1월 21일에 현재의 위치인 구례읍 봉동리(鳳東里)로 이동하였다.

구례 일대의 특산물은 섬진강에서 나는 은어와 지리산에서 재배되는 작설차 및 두릅, 더덕, 고사리, 취나물, 도라지, 죽순, 지리산 산나물, 산수유 등이다. 목기, 유기 등과 양봉도 해당된다. 섬진강이나 일대의 하천에서 나는 담수어로서 은어, 황어, 잉어, 숭어, 누치 등이 있고 그 밖에 농어, 쏘가리, 꺽저기, 가물치, 붕어, 모래무지, 왕등어, 피리, 피라미, 메

구례 5일장 중앙일보 김성룡 사진

기, 뱀장어, 징거미, 게, 자라, 다슬기, 강조개 등이 있다. 조선 시대의 진상품(進上品)은 여름에는 생은어(生銀魚), 가을에는 염은어(鹽銀魚)였다.

구례군 내 시장은 정기 시장 3개, 상설 시장 1개, 구례읍 정기 시장과 개시일이 같은 가축 시장이 1개로 모두 공설 시장이다. 구례읍의 정기 시장은 대대로 3 · 8장이었다. 지금의 구례장은 상설 시장과 정기 시장이 공존한다. 구례장에는 가축 시장이 있으며 개시일이 하동 가축 시장 개시일(2 · 7일)의 다음날이어서 서로 연결된다. 정기 시장의 장세는 하루종일 사용할 때와 오전 또는 오후만 사용할 때 각각 달라 후자의 경우는 절반만 받는다. 1일 사용 요금은 점포의 경우 등급에 따라 차이를 두고 노점은 그 절반만 받는다. 부근의 상설 시장과는 달리 여전히 시골장의 정취가 남아 있는 구례 정기 시장은 아직도 건재하다.

함평 우시장

요즈음 사람들은 소라고 하면 우선 단백질을 공급하는 식품으로서의 쇠고기를 연상할지 모른다. 그러나 농경에 삶의 뿌리를 두었던 우리의 전통 사회에서의 소는 농업 생산력을 구성하는 중요한 요소였다. 인도 사람들이 소를 숭배한다고 하지만 실은 우리에게도 소는 단순한 먹을거리에 불과한 존재는 아니었다.

과거를 돌아보면 우리 사회에서도 특히 서울과 같은 대도시에서 소가 주로 고기로서 거래되고 소비되던 시기가 있었다. 19세기 후반경 한동안 우피(牛皮), 즉 소가죽이 주로 일본에 대량으로 수출된 적이 있었는데, 이와 병행하여 술 소비량도 급증하여 정부에서 금주령을 내릴 정도였다. 두 현상을 연결하여 이해하는 데 빼놓을 수 없는 것이 바로 술안주로서의 쇠고기 소비였으니, 그 배경에는 농사로서보다는 비육(肥肉)을 목적으로 소를 기르는 현상이 있었던 것이다. 그러나 이것은 사회 전체로 보면, 그리고 산업 사회와 비교해 보면 그리 대단한 것은 아니었다.

과거에는 농사에 필요한 축력(畜力)의 공급을 담당하던 곳, 그리고 산업화 과정에서 소들이 현금화되고 송아지가 장차 목돈 마련을 위해 거래되던 곳이 바로 우시장이다.

전라남도 함평군 함평읍의 함평천변에 위치한 우시장은 이 일대의 농가에서 부리던 소와 지도, 임자도 등 서남해안의 섬에서 키워진 소들이 수집 상인들에 의해 집하(集荷)되고 매매되던 곳이다. 섬사람들이 직접 소를 팔고 사러 나오기에는 불편한 교통 사정 때문에 함평 우시장은 아직도 거래량이 많은 큰 시장으로 유지되고 있다. 주민들은 우시장을 '소장', '소전', '소시장', '쇠장' 등으로 부른다.

면적은 약 3,000평이고, 소를 맬 수 있는 장소를 계류장(繫留場)이라고 하는데 약 800두(頭)를 맬 수 있는 시설을 갖추고 있다. 원래 함평 5일장 안에 있었으나 축산업협동조합이 운영을 맡으면서 관리상의 편의를 위해 15년 전에 함평천 맞은편의 하천 부지에 별도의 장터를 마련하였다.

함평 장날에 맞추어 5일 간격으로 끝수가 2일, 7일인 날에 열리는 함평 우시장은 집에서 키운 소를 팔기 위해, 또는 키울 소를 사기 위해 나온 농민들, 매매를 직업으로 하는 상인들, 판매자와 구매자를 연결하는 중개인들, 축산업협동조합 직원들로 구성된다. 이들은 모두 남성이다. 과거에는 이 밖에도 소에게 여물을 먹이고 소몰이꾼에게 숙식을 제공하던 마방(馬房)의 주인, 소의 건강 상태 등을 감별하는 '이매쟁이'도 있었으나 지금은 교통과 운송의 발달로 마방이 필요 없게 되고 거래되는 소도 거의가 육우로서 근수 외에는 소의 상태가 값에 큰 영향을 주지 않아 수의사의 역할도 미미해졌다.

소장수들은 미리 산지를 돌아다니며 수집한 소를 트럭에 싣고 와서 파는데 솟금(=소값)이 좋으면 팔지만 쌀 때는 소를 팔지 않고 오히려 더 사가는 수도 있다. 소장수들이 각자 자기 소를 도축 정육점 등에 파는 경우

함평 우시장 황헌만 사진

소를 판 후 황현만 사진
소는 농부에게 자식 같은 존재이다. 목돈 마련을 위해 기르던 소를 팔았지만 마음 한구석은 여전히 허전하다

도 있지만, 십여 명이 어울려 자기 소 엉덩이에 페인트로 소유자 표시를 한 다음 이것을 한 상인에게 일임하여 도축하게 하고 이를 받아서 도매 시장에 팔기도 한다. 이 도축 상인은 소장수들의 소를 맡아 도축해 주는 대가로 소머리와 가죽, 그리고 약간의 수고비를 받는다. 즉 소를 수집하여 파는 소장수와 도축을 중개하는 소장수가 분업화되어 있는 것이다.

"이녁 소 큰 줄 모른다"라는 속담이 있다. 남의 소보다는 자기 소에게 더 높은 점수를 준다는 뜻인데, 우시장에서는 상대적일 수밖에 없는 가격 기준을 예로부터 거간, 즉 중개인에게 의뢰해 거래를 성사시켜 왔다. 중개인에게는 자기 말목이 따로 있다. 말목이란 소를 묶어 두는 말뚝을 말한다. 지금은 쇠파이프로 되어 있지만 과거에는 나무로 말뚝을 박았기 때문에 소가 요동치면 부러지기도 하였는데 그러면 말목 임자인 중개인이 수리를 맡았다.

구매자가 자기 말목을 지키고 있는 중개인에게 와서 구매 때 치를 돈의 일부를 맡기면 이때부터 거래가 시작된다. 중개인이 소 주인과 흥정하여 가격이 서로 맞으면 중개인이 구매자로부터 맡은 돈을 소 주인에게 건넨 후 구매자가 소 주인에게 나머지 돈을 지불하는 것으로서 흥정이 끝난다. 물론 그 과정에서 중개인은 구매자에게서 수수료를 받는다.

우시장의 하루는 과거와 요즈음이 크게 다르다. 과거, 즉 농우(農牛)가 주로 거래되고 농민들이 직접 소를 끌고 온 시절에는 점심 이후에 개장하여 해질 무렵이나 혹은 그보다 늦게 파장하였다. 이동 거리가 먼 소장수들은 더욱 서둘러서 장을 파하고 어두워지기 전에 다음 장으로 옮기기도 하지만 대부분은 그 장에서 하룻밤을 묵고 다음날 새벽에 다음 장으로 이동하였다. 이때는 마방에 머물면서 다음날 장을 기다렸다. 구입한 소를 다른 장까지 몰고 가는 일은 소몰이꾼의 일이었다.

그러나 농우의 거래가 점점 뜸해지고 육우 판매가 주류를 이루어 소를 직접 몰고 나오는 농민들보다 트럭에 소를 싣고 나오는 소장수들이 장을 주도하면서부터는 개장 시간도 점점 빨라져 이제는 여름에는 새벽 5시경에 시작되어 오전 8시면 거래가 모두 끝난다. 겨울에도 늦어야 오전 6시 이전에 장이 시작된다. 소장수들은 개장 시간을 더 앞당겨 다른 장들처럼 새벽 4시경에 열었으면 한다. 되도록 빨리 서둘러야 이후 시간에 교통이 막히지 않아 당일로 집산지나 판매처까지 갔다가 집으로 돌아올 수 있기 때문이다.

농업이 쇠퇴하고 농촌 인구가 줄어들면서 시골의 조그만 우시장들은 폐쇄되었다. 그러나 함평 우시장과 같은 중간 시장들은 교통과 운송 수단의 발달로 인하여 거래 규모는 줄지 않았으나 그 성격이 크게 변질되었다. 소장수들은 현지에서 직접 농민들과 거래하여 유리한 조건으로 소를 모은다. 농민들도 각자가 소를 끌고 장에까지 가기에는 운송비와 시간이 많이 들기 때문에 직접 집으로 방문한 소장수들과 거래하는 것을 선호한다. 그 결과 함평 우시장이나 그와 비슷한 규모의 우시장들은 이제는 농민들이 배제된 채 주로 수집상들 간의 거래 장소가 된 것이다. 새벽에 도착하는 트럭을 보면 반은 빈 차고 반은 소를 실은 차다. 이들이 장을 파하고 갈 때면 그 반대가 된다.

광천 새우젓 시장

젓갈은 원재료에 소금만 배합하여 발효시킨 생젓갈과 이에 양념을 첨가하여 가공한 무침 등 두 종류가 있다. 전통적으로는 어패류를 숙성 기간에 따라 소금의 양을 조절하여 옹기에 넣어 발효시킨다.

충청남도 서해안에서는 다양한 젓갈이 생산된다. 새우젓, 어리굴젓, 꼴뚜기젓, 조개젓, 밴댕이젓, 꽃게젓, 황석어(황새기)젓 등 많은데, 이중 곤쟁이젓이라고도 하는 새우젓은 담그는 시기에 따라 이름이 달라 5월에 담그면 '오젓', 6월에 담그면 '육젓', 가을에 잡힌 새우로 담그면 '추젓', 겨울에 잡힌 새우로 담그면 '동백하젓'이라고 한다.

자하젓은 다른 새우에 비해 약간 더 붉은색을 띠는 작은 새우로 만드는데, 담그는 법은 싱싱한 자하 새우에다 천일염을 새우 양의 15~20% 비율로 섞은 다음 항아리에 켜켜이 눌러 넣은 후 윗부분에 삼베나 광목 등을 깔고 다시 천일염을 약 15cm 정도 올려놓고 밀봉한다. 이것을 13도에서 16도 사이의 온도에서 3개월 이상 발효시킨다. 이 온도를 유지할 수 있는 곳이 토굴 속이라고 한다.

충청남도 홍성군 광천읍의 광천장은 젓갈 전문 시장이라고 할 정도로 젓갈 판매량이 많고 젓갈 중에서도 새우젓의 비중이 크다. 특히 이곳은 새우젓을 토굴 안에 넣어 숙성시키는 발효 방식으로 유명하며 김장철에는 장꾼들과 구매자들이 몰려 그야말로 대목장을 이룬다. 무엇보다 광천장은 주변의 어장에서 잡은 어물들의 집산지이기 때문에 새우젓 외에도 막 잡은 싱싱한 해산물을 싸게 구입할 수 있다. 판매하는 젓갈의 종류도 계절에 따라 다양하다. 이중 육젓은 새우가 제일 살이 올랐을 때 잡은 것이기 때문에 새우젓발이 크고 맛이 특이해 토굴 새우젓이라고 하여 대표적인 상품이 되었다.

광천 장날은 4일과 9일이다. 광천장과 연결된 주변 지역 장들의 장날은 예산장과 해미장이 5일 · 10일, 홍성장이 1일 · 6일, 상촌장이 2일 · 7일, 용호장이 3일 · 8일로 장꾼들이 이 순서대로 옮겨 다니면 매일 장사

광천 새우젓 시장 황헌만 사진

를 할 수 있다. 또한 화성장이 5일 · 10일, 홍성장이 1일 · 6일, 청소장이 2일 · 7일, 대천장이 3일 · 8일로 이 역시 순환 경로가 된다.

새우젓은 서해 도서 지방의 고기잡이배가 잡아 온 새우를 옹암포에서 천일염에 절이면서 만들어졌고, 이를 팔면서 광천 새우젓 시장이 형성되기 시작하였다. 옹안의 어시장은 일제 강점기까지는 매일 장이 섰던 것 같고 지금도 이곳에서는 토굴 새우젓, 김 등 전국적으로 유명한 해산물을 생산하고 있다.

광천의 토굴 새우젓은 해방 이후에 생긴 것으로 그 유래를 설명한다.

1950년대까지 새우젓을 비롯한 모든 젓갈은 여름에는 기온이 높아 시커멓게 부패하였다. 전국에서 새우젓 상권을 거의 장악하고 있던 광천의 상인들이 오랫동안 고심한 끝에, 한 상인이 금광을 했던 토굴 속에서 보관한 새우젓이 부패하지 않고 잘 숙성됨을 발견하게 되었고, 1960년대에 들어오면서 마침 광천 옹암포의 마을 주변의 지형이 절벽으로 되어 있는 야산으로 둘러싸여 있어 토굴 굴착에 좋은 자연 조건을 갖추고 있음을 이용하여 모든 상인들이 너나 할 것 없이 토굴을 굴착하였다고 한다.

광천 옹암리에 있는 수많은 토굴은 연중 온도가 섭씨 14~15도로 일정하며, 습도가 85% 이상으로 새우젓을 숙성시키기에 좋은 자연 조건을 갖추고 있다. 현재 광천 옹암리에는 이러한 새우젓 숙성 토굴이 40여 군데나 있어, 1만 5천여 드럼(=3,750톤)의 새우젓을 숙성 · 저장할 수 있다고 한다. 한때는 전국에서 유통되는 물량의 60%가 이곳 광천 토굴에서 숙성되어 반출되었으나 지금은 값싼 수입젓에 밀려 광천 시장에서만 그 명성을 유지하고 있는 실정이다.

광천의 어리굴젓은 옛날부터 김과 함께 임금 수라에 올렸을 만큼 명성이 자자하였으나 언제부터인가 차츰 쇠퇴의 길을 걷고 있다가 근래에 다시 각광받기 시작하였다고 한다. 어리굴젓의 특징은 가을부터 겨울 동안 영양가도 높고 맛도 좋을 때 채취한 굴을 원료로 한다. 이 역시 숙성 조건이 최적인 광천 토굴을 이용한다.

글을 맺으며

과거와 현재, 또는 농촌과 도시의 생활을 비교할 때 그 기준이 되는 것의 하나가 장날의 유무다. 요즈음은 동네 골목마다 구멍가게가 있고 조금 더 걸으면 수퍼마켓이나 편의점이 있어 어느 때고 원하는 물건을 살 수 있다. 그러나 옛날 어머니들은 자식에게 옥색 고무신 한 켤레 사 주려 해도 장날을 기다려야 했고, 장날이 오면 꼭두새벽에 일어나 그간 정성껏 모은 달걀을 꾸러미로 만들어 머리에 이고 이삼십 리 먼 길을 걸어야 했다. 그러니 장에서 사온 물건들은 특별한 것이었고 그래서 그 추억도 각별하다.

5일 간격으로 운영되는 시골 정기 시장은 검약이 몸에 밴 농민들과 영세 상인들에게 삶의 터전으로 존재해 왔다. 정기 시장은 지역 사회의 중심지다. 그래서 시장 주변에는 금융 시설, 교육 시설, 의료 시설, 관공서는 물론 다방, 사진관, 양복점, 양장점, 수예점 등 상설 점포가 포진해 있다. 농민들은 굳이 장날에 맞추어 장터 부근에서 모임을 갖는다. 그러나 이제는 농촌에서도 과거 시장의 모습은 점점 사라지고 있다. 개장 시간은 점점 짧아지고 부근 시설들은 이미 농촌 인구가 감소하는 상황에서 더 이상 버텨 내지 못하고 하나 둘씩 문을 닫고 있다.

경제적인 효율성이 모든 가치의 우위에 서고 손익이 판단의 유일한 가늠자가 된 세태에서 그러한 계산에 익숙하지 못한 농민과 영세 상인, 그리고 그들의 삶터인 장터는 언제 어떻게 자기의 공간에서 밀려나게 될지 예측할 수 없다. 그 결과는 농민들에게서 자그마한 생활의 구심점을 빼앗아 가는 것이고, 이것은 곧 우리 고유의 삶의 모습과 생각의 일부분이 사라지고 지워짐을 의미한다. 그렇다면 이 책은 훗날 전통 시장을 기리는 소박한 지상 박물관이 될지도 모르겠다.

찾아보기

정 승 모

서울대학교 인류학과 졸업

태동고전연구소 수학

국공립 박물관 근무

한국역사민속학회 이사

현재 지역문화연구소 소장

저서

『시장의 사회사』(1992)

『한국의 세시풍속』(2001)

공저

『조선시기 사회사연구법』(1993)

『서울의 사회풍속사』(1995)

『조선시대 생활사』(1996)

논문

「농촌 정기시장체계와 농민 지역사회구조」(1983)

「조선시대 향촌사회의 변동과 농민조직」(1991)

「동족촌락의 형성배경」(1993)

「군현제의와 국가정책」(2000)

「경저 · 향제 · 별서와 조선후기문화의 지역성」(2003)

「18 · 19세기 농민층 분화와 향촌중인」(2005)

이화여자대학교출판부 기획 시리즈

'우리 문화의 뿌리를 찾아서'

1. 한국사 입문 신형식 지음
2. 전통 한복의 멋 : 노리개 이경자 지음
3. 한국의 지붕 · 선 임석재 지음
4. 한국의 창 · 문 임석재 지음
5. 한국의 돌 · 담 · 길 임석재 지음
6. 한국의 전통 공간 임석재 지음
7. 한국의 꽃살 · 기둥 · 누각 임석재 지음
8. 우리춤 김말복 지음
9. 한국 고전여성작가의 시세계 이혜순 지음
10. 한국의 탈춤 조동일 지음
11. 한국의 전통 교육 최완기 지음
12. 한국의 풍속 : 민간 신앙 최준식 지음
13. 한국의 전통 사회 : 화폐 원유한 지음
14. 한국의 전통 사회 : 도기 나선화 지음
15. 한국의 전통 선박 : 한선(韓船) 최완기 지음
16. 한국의 여행 문학 김태준 지음
17. 한국의 전통 사회 : 시장 정승모 지음

근간

한국의 전통 공예 : 소반 배만실 지음

조선 상류 주택의 내부 공간과 가구 최상헌 지음

한국의 육상 교통 최운식 지음

한국의 전통 사회 시장

펴낸날 1판 1쇄 2006년 4월 25일 _ **지은이** 정승모 _ **펴낸이** 김용숙 _ **펴낸곳** 이화여자대학교출판부
주소 서울특별시 서대문구 대현동 11-1 (120-750) _ **등록** 1954년 7월 6일 제9-61호
전화 02-3277-2965, 2966(편집부) 02-3277-3164, 362-6076(영업부) _ **팩스** 02-312-4312
e-mail press@ewha.ac.kr _ **인터넷서점** http://www.ewhapress.com
편집 책임 정경임 _ **편집** 이혜지 · 김미정 _ **디자인** GNA Communications _ **찍은곳** (주)문성원색

값 12,000원
ISBN 89-7300-681-9 04300
ISBN 89-7300-602-9 (세트)